人生のしまい方

羽成幸子

カバー・表紙・本文イラスト
樋口たつの

余命一日

私の部屋の壁には
「余命一日」と書いたボードが飾ってあります。
毎朝、それを見て
〈私の命は今日限り〉と思うと、
不思議なことに、
言いようのない力が湧いてきます。

発行の言葉
～「老い」を通して見る明日への希望～

国連は、高齢化率（総人口に対して六十五歳以上の高齢者人口が占める割合）が七パーセントを超えた社会を「高齢化社会」、一四パーセントを超えた社会を「高齢社会」、二一パーセントを超えた社会を「超高齢社会」と定義しています。日本は一九七〇年に高齢化社会になり、さらには高齢社会を飛び越え、二〇〇七年からは超高齢社会に突入しました。二〇二〇年には、高齢化率は二九・一パーセント、二〇三五年には三三・四パーセントに達し、人口の三人に一人が高齢者になると予測されています。

日本は今、世界がこれまでに経験したことのない社会に突入しようとしています。

そんな中、私たちはどう生きていくべきなのでしょうか。「老い」というものはすべての人に例外なく訪れるものです。そしてその先にある「死」を避けることのできる人は誰一人としていません。健康の不安、金銭的な不安、孤独という不安など、多くの人々が老いに関して不安を抱いています。近年、「アンチエイジング」という言葉を耳にすることが多くなりましたが、「いつまでも若くいたい」という願望は、老いに対する人々の不安の裏返しなのかもしれません。

本書は、「老い」ということに対して、とても肯定的に捉えています。「誰かを介護することとは、自分の老いのリハーサルでもある」と著者は語っていますが、「老い」という現実から目をそらすのではなく、それにしっかりと向き合い、あえて「死」を意識する生き方を通して人生のすばらしさを再発見しています。つまり、どのように死ぬかということは、どのように生きるかにかかってくることなのです。

有名なサムエル・ウルマンの『青春』の中の一節を思い出します。「何人も年の数だけで老いるものではない。私たちは理想を失うときに老いる」

世界のベストセラーである聖書も、老いに関して大切な意義を見いだしています。「若い人の栄えはその力、老人の美しさはそのしらがである」「しらがは栄えの冠である、正しく生きることによってそれが得られる」（箴言二〇の二九、一六の三一／口語訳）。

若者にはなくて、高齢者にだけにある素晴らしい冠。私たちは与えられた人生を通してそれらを追求していくことができるのです。「人は次の世代を生きる人間に死を見せて、生きる力を与える。それは、『いずれ、お前も死ぬ。だから、生きている間は、しっかり生きろ』というメッセージのようにも思えるのです」（本文より）。私たちは自らの生き方を通して、次世代に何を残すことができるでしょうか。

本書には、著者の経験を通して、「老いを生きる」ヒントと示唆が至るところに散りばめられています。本書を読み終えたあと、読者の皆様の表情には、明日への希望とともに、接する周りの方々に対する「ありがとう」がにじみ出てくることでしょう。
なお本書は、月刊誌『サインズ・オブ・ザ・タイムズ』に二〇一三年から一四年にかけて連載したものに新たに六編を書き下ろした構成になっています。

二〇一六年四月　編集長　花田憲彦

人生のしまい方【目次】

2 幸せに老いる

3 最期の備え

1 夫婦の自立

死を意識する

死を意識するからこそわかるのが、
生きる楽しさだと思うのです。

私の過去と未来たち

病弱だった父は、病と闘いながら、六十五歳で旅立ちました。私ももうすぐ、父が亡くなった歳になります。

幸か不幸か、私は十九歳から四十九歳の三十年間に、祖父母、父母、義母という身内五人の介護を経験しました。介護のゴールは死を受け入れるということです。

私の立場も孫娘から始まり、娘、嫁というように、さまざまに変わりました。身内一人ひとりの介護と死を見つめ、私にようやく死ぬ順番が来ました。人間、できることなら、生まれた順に旅立つことが幸せなのだと、私は思っています。その順番が私に来たのです。このことは、私に大きな自由を与えてくれています。今までにない自由です。それは、この先、私がどんなに重い病気になったとしても、あるいは突然の死が訪れても、私にはもう、悲しませる親はいないという安心の自由です。

かつて、夫と話し合いました。お互い親を送った身、これからどちらが先に逝《い》っても、恨みっこなしにしましょう、と。夫婦を卒業して、人間同士として向き合いましょう、と。このことで、さらに私は自由になりました。

私の人生を振り返ってみたとき、女性としての役割がつきまとっていたことを感じます。結婚して、妻となり、やがて、二年おきに四人の子どもを授かった母となり、長男の嫁として生きてきました。

今、すべての役割を降りて、ひとりの人間として生きる。こんな時間が私を待っていてくれたのだと思うと、過去の時間に感謝せずにはいられません。今の私を造ってくれたのは、私の過去たちです。そして、未来は、今の積み重ねです。

毎日死んで、毎日生まれ変わる

先日、やがてお世話になる斎場に、夫と二人で見学に行ってきました。新しくできた斎場はきれいで、細やかな配慮が整った心落ちつくところでした。今度私がここに来るときは、生きていないのだという思いと、今、私は元気に生きているという思いが重なって、二人の自分を見ているような気がしました。

私が終《つい》の住みかを手にしたのは、四十四歳のときでした。当時の私は、義母の介護の真っただ中。糖尿病を患う夫は仕事人間。多感な時期の四人の子どもたち。家事と介護に追われる私は、闘いの毎日でした。とりわけ、義母の介護は価値観や習慣の違いから生ずるズレが誤解に発展し、自分の気持ちを支えてくれる場もなく、虚《むな》しさの壁に囲まれているような思いの日々でした。〈助けて!〉の自分の叫びに救いを求めたのが、死後の自分でした。死後の自分なら、今の私をいちばん理解してくれるはずだという仮定のもとに、その対象として自分の墓を手に入れようと思ったのです。

そんなある日、新聞の折り込み広告に公園墓地の案内がありました。〈これだ!〉と思った私は、夫に欲しいものがあると相談すると、今家にある金で買えるものならどうぞと言ってくれたので、早速、電話で注文しました。

驚いたのはお墓屋さんでした。電話でお墓を買う人は初めてだと言って、パンフレットを持って飛んで来ました。手持ちの金額で買える墓を頼むと、高台で日当たりのいい場所を選んでくれました。

不思議なことに、墓を手に入れたとたん、気持ちが晴れて、義母との誤解の繰り返しも、〈まぁ、いいか〉と流せるようになり、夜寝るときは〈さて、寝るか〉ではなく〈さて、死ぬか〉と思うようになり、ついでに義母にも消えてもらいました。

翌朝、「おばあちゃん、おはよう!」と生まれ変わった私は、同じく生まれ変わった義母と向き合うことで、昨日あんなことを言われた、こんなことを言ってしまったという思いはスーッと嘘《うそ》のように消えました。毎日、私は死んで、毎日、私は生まれ変わる。こう思うことで、元気を維持することができたのです。

生きる楽しさ

義母を送って十六年たった今も、その習慣は残り、〈さて、死ぬか〉でベッドに入っています。ところがこの歳になると、長くは眠れない。五時間ほどで目が覚めてしまいます。目が開くと、〈あら、私生きているわ〉と思い、生きているのなら、今日を楽しく生きましょう、という考えになるのです。ですから、これからあと何年生きるかなどというのはどうでもいいと感じるようになりました。今日だけの命だと思うと、愚痴《ぐち》を言ったり、悩んでいる時間はもったいない。それより、楽しいことをたくさん見つけて、笑って生きる。

楽しいことは、まわりにたくさん転がっています。それを見つけるためにも、感性を磨く。それには、いろいろなことに興味を持つ。すると、楽しさが楽しさを呼ぶ。死を意識するからこそわかるのが、生きる楽しさだと思うのです。

あなたの介護は誰がする？

自分の老いを意識することから始まる介護。
誰かを介護することは、自分の老いのリハーサルでもあるのです。

命拾い

結婚をしている男性の多くは、自分の介護は配偶者である妻に頼みたいと思っているようです。その点、妻のほうは、夫よりもプロの手でと思っている人のほうが多いようです。その意識のズレの正体は何なのでしょう。

以前、私は地域の世話人のようなことをしていたことがありました。年に一度、福祉バザーが行われ、ボランティアとして参加しました。私の役割は売り子でした。

二月の寒い日でしたが、駐車場にビニールを敷いて、品物を並べました。バザーは盛況のうちに終わり、私の役も無事終わりました。

夕方、家に帰ると、下腹が痛み始めました。一日中、コンクリートの上にいたので、きっと冷えたのだと思いました。そのうち、顔に脂汗が出てきて、下腹の痛みが激しくなりました。私はあわてて、トイレに駆け込みました。

便器に腰かけた瞬間、排便とともに、私の意識はなくなりました。何とも言えない気持ちのいい世界に入っていくような感じでした。

私の体は前に傾き、トイレのドアを突き押して倒れたのです。その間の意識は全くありませんでした。驚いたのは娘です。ちょうど、娘は洗面所で髪をとかしていました。そこへ突然、母親がトイレから倒れ出たのですから。

とっさに娘は、救急車を呼ぼうか、父親を呼ぼうかと迷い、自宅から車で十五分ほどの父親の仕事場へ連絡をしました。夫が家に戻るまでの間、娘は大声で、「お母さん！　お母さん！」と叫んでいたそうです。たぶん、二十分ぐらい私は夢の中にいたような気がします。

やがて、遠くの方から私を呼ぶ娘の声が聞こえ始めました。その声がはっきり聞こえたとき、倒れている私の顔の横に、夫の足が見えました。あらわな格好で前倒れになっている私に夫は、「あなた、寒そうだね。風呂でも入ったら？」と言ったのです。

夫のあの言葉に、〈この人には介護はできない〉と私は強く思いました。もし私が反対の立場だったら、まず、ゆっくり起こして、水分補給のために白湯《さゆ》を飲ませ、冷たくなっている手足をさすって、静かに布団に寝かせるという行動をとるでしょう。

まぁ、夫にしてみたら、精いっぱいのやさしい言葉だったのかもしれません。ですが、私の失望は大きく、それでも、早くこのことがわかって、命拾いをしたような思いもありました。

やさしさだけでは太刀打ちできない

ある七十代夫婦の話です。妻が転んで足が痛いというので、夫がお風呂で温めながらマッサージをしたのですが、翌日、足がパンパンに腫《は》れて、病院に行って検査したら、骨折をしていたそうです。

夫のやさしさは裏目に出て、妻の足の痛みと腫れはなかなかおさまらず、体を動かすことも困難になり、やがて寝たきり状態になり、認知症の症状があらわれ始めたということでした。

介護はやさしさだけでは太刀打ちできない深いものです。試行錯誤を繰り返しながら、経験から来る配慮に知識を加え、想像力を広げて総合的に考え、最善を選んで対処する。それも、瞬間瞬間、とっさの判断を要します。

特に高齢者の介護は、体調の変化を見定めることでもあります。朝、昼、晩と、その日の環境によって体調もさまざまに変わります。それは長年介護をしてきた人には、よくわかるでしょう。たとえ介護される人が、自分の意思を伝えることができなくなっても、介護者はその人の体と話すことができるようになるのです。ベッドの傾き加減、窓からの風の流れ具合から、何をしてほしいかがわかるのです。そうなるまでには、介護する側とされる側の意思疎通がどれだけできているかが問題になります。

介護体験は自分の老いのリハーサル

私たちは、自分の気持ちを相手にしっかり表現しなくては、理解してもらえません。その手段が言葉ですが、「青」と言っても、相手は自分が知っている「青」を想像します。お互いがイメージした「青」は必ずしも一致しないでしょう。そこでお互いの妥協の幅を合わせて「青」というものをわかりあっていくのです。この繰り返しが、介護される人とする人との理解を深めていくのです。お互いが気持ちをぶつけ合い、ぶつかりながらも向き合うことをあきらめない。それは、人生と人生のぶつかり合いでもあるのです。

これは、試練でもあります。人を理解することは簡単ではありません。介護者にとっては気力、体力、忍耐が必要になります。そして、それを維持していく。これを考えただけでも、介護はひとりではできないということもわかると思います。それでも、家庭の中では、限られたひとりの人が頑張っている場合が多いのです。

さて、あなたの介護は誰がするのでしょう。でも、その前に、各自が自分の老いを意識することが大切です。そして、周りに見える老いと介護を自分の問題として考え、できることを行動に移す。誰かを介護することは、自分の老いのリハーサルでもあるのです。

置き土産《みやげ》

無理をしないで、若い世代とつき合い、できることを提供する。
超少子高齢社会の現代、
祖父母の出番が世の中を支えると思っています。

私は浮気なチャレンジャー

「あなたの趣味は?」と聞かれると、「稽古《けいこ》事です」と答えています。私の好奇心は枯れることなくあっちキョロキョロ、こっちキョロキョロと動きまわり、興味あることにはすぐ飛びつきます。ところが、悲しいかな、興味が薄れるとすぐに他方に気が向き、長続きしません。〈あぁ、楽しい〉というところで終わるので、稽古事が物になったのは一つもないのです。

今までかじった稽古事は数えきれません。その中には、三日坊主ならぬ一日でやめたものもありますが、できないという経験も私の大切な経験になり、無駄だと思ったことは一度もありません。

言うなれば、私は浮気なチャレンジャー。でも、アレンジャーであるとも思っています。習ったことを自分流に変化させて楽しむ。

子どもの頃、花を生けるのではなく、野菜を生けたことがありました。縁側にありったけの花器を並べて、片っ端からナスやキュウリ、キャベツなどを花のように生けたのです。あの楽しい感覚

使わなくなったバッグの再利用。思い出の詰まったバッグの第二の人生は、時計バッグと植木バッグになった。

履き古した靴の中に土を盛り、草花の栽培を楽しんでいる。

は幾つになっても私をとりこにして、六十五歳になった今も、相変わらず我流を楽しんでいます。

自分の死を意識するようになったころ、老楽ノートなるものを作り、新しく挑戦したことや、初めて見たもの、行った所を書き留めたことがありました。ところが、たちまちいっぱいになって、書くのをやめました。今も、毎日、毎日、新しい発見があり、老いての楽しみは増えるばかりです。

「売れっ子はいいねぇ」

歳を重ねるということは、今まで見えなかったものが見えてくるということだとも思います。若い頃にはない微妙な気づき。これもかつてない楽しさです。

先日、落語を聞きに行きました。古典落語です。テレビにもたびたび登場する人気落語家の話に耳を傾けながら、〈あっ、足らない〉と感じました。何が足らないのか。間が足らないと思ったのです。ほんの一息の間が話を小さくしていると。その理由が次に登場した若手落語家の冒頭の話でわかりました。「兄さんは次の会場に飛んで行きました。売れっ子はいいねぇ」

〈なるほど〉急いでいたのだ。あの間の足りなさは、次の場所での公演時間を気にしていたのかもしれないと想像したのです。この発見は、落語以上のおもしろさでした。

人の心が読めるようになるのではなく、自分も以前に、生活の中で同じような思いをしているという経験から出る想像なので、そのときの自分が見えるようで、半分苦笑いのおもしろさでもあったのです。

祖父母の出番

今、私は、共働きをする息子夫婦の子どもの世話をしています。保育園に迎えに行ったり、食事をさせたりと、忙しいのですが、自分の子育てと違って、おもしろさがあります。自分の体力に合わせたつき合い方で向き合うと、世話をしているのか、介護されているのか、その境がわからなくなるほど、おもしろくなります。

長年、糖尿病とつき合ってきた夫も孫育てに参加し始めたおかげで、検査の数値が良くなってきました。主治医もその効果に驚き、私は夫に、「論文が書けるわよ」とはっぱをかけています。

無理をしないで、若い世代とつき合い、できることを提供する。超少子高齢社会の現代、祖父母の出番が世の中を支えると思っています。旅立つ前の置き土産

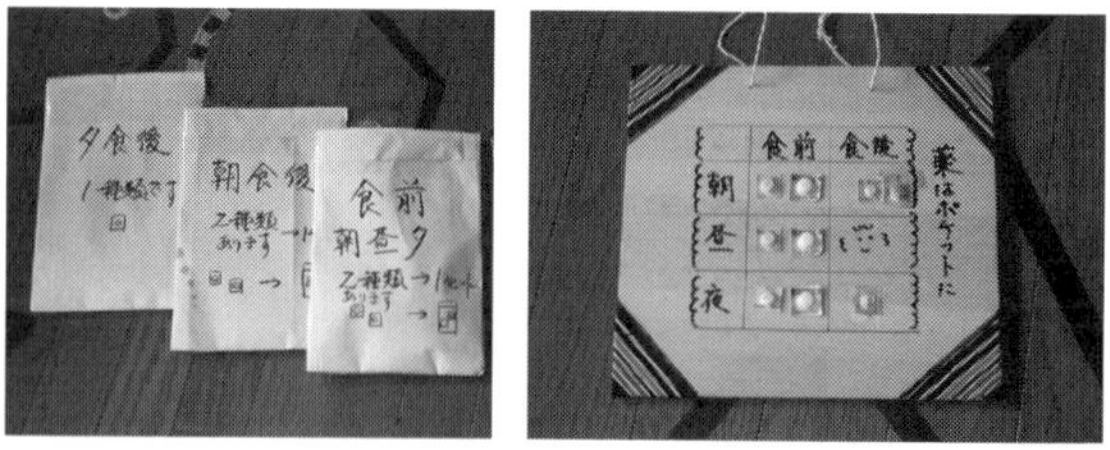

糖尿病の夫用として、朝、昼、晩の食前、食後に飲む薬。
紛れないように個別に仕分けて薬袋に入れている。
右は実物大の薬を貼りつけた額。

だと思うと、機嫌よくつき合えます。

子どものため、孫のためと、老いた自分に鞭打《むち》って頑張っているおじいちゃん、おばあちゃんの話を聞きますが、歯を食いしばってのサポートはやがて、愚痴《ぐち》や文句が多くなり、寂しい結果になる場合もあります。

世代が異なるということは、生活のリズムも食事の好みも違いますので、ある程度の距離を意識してつき合うことが必要でしょう。

人生最後のパラダイス

我が家は、三世代別居の大家族です。総勢十六人。お互いが融通をきかせながら、助け合う。一歳から七十歳まで、さまざまな世代の価値観が飛び交っています。

子育てひとつとっても、その対応は、時代の変化とともに変わってきています。母親、父親としては先輩でも、孫の親は子どもたちです。その方針に従い、あくまでサポーターとして祖父母は動く。すると、孫との関係も友だちのように感じられて、共に遊ぶ仲間のように思えてくるのです。

孫と一緒に博物館に行ったり、映画を観たりと、人生後半の時間が子どもの頃に戻ったようになります。これぞまさに、人生最後のパラダイス。

かつて身内五人の介護を経験して、人間、そう簡単には死にたどり着けないということはよくわかりました。命を燃やして燃やして燃やしきらないとゴールにたどり着けない。ならば、次世代の生活を支えるお助けマン、お助けウーマンとしてかかわりながら命を燃やす。この手は悪くないと思っています。

老いの自立

〈迷惑をかけたくない〉という思いを
〈サポートしてもらう〉という気持ちに変えると、
生きるのが楽になります。

老いの自立とは？

多くの人が「老後は人に迷惑をかけたくない」と言います。ですが、「迷惑をかけたくない」と言う人ほど迷惑をかけるものです。実は、迷惑にもかけかたがあるのです。

老いての自立とは、何でもできることではなく、できないことを人に頼めることです。自分でできること、できないことをしっかり認識して、人のサポートを受ける。これが自立です。

とかく、道徳教育をたたき込まれた世代は、人に迷惑をかけることをことのほか嫌がります。私の母もそうでした。いい人、いい妻、いい嫁、いい母親で生きていました。人に迷惑をかけることが嫌で、身を粉にして働いていました。

戸惑い

その母が晩年、がんに冒されました。それでも治療を終えて家に戻ると、「私はもう元気になったわ」と言って、自分の車に快気祝いのお返しを積んで配って回ったり、お客様が見えるといそいそとお茶を出したりしていました。私は娘ですから、小言を言いに母のところへ通いました。「病気なんだから、無理に動かず誰かに頼んでよ。お姫様のようにしていてよ」と言うのですが、長年染みついている〈人に迷惑をかけたくない〉という気持ちは、体の状態などおかまいなしだったのです。

ですが、やはり体は正直です。接客中に体が悲鳴をあげて血を吐き、救急車で運ばれました。その緊急連絡は私たち子どものところに来ました。この急な連絡は、それぞれ家庭を持っている子どもたちにとって、戸惑うものでした。

当時、私は、義母の介護をしていました。母のところへ駆けつけたいのですが、なんせ身動きできません。他の姉妹が何とか時間のやりくりをして母のところへ行ってくれました。といっても、仕事を持っている妹もいました。あれこれ思案を巡らしていると、高校生だった娘が、「お母さん、私が学校を休んでおばあちゃんをみているから、行ってらっしゃいよ」と言ってくれたのです。

娘のおかげで、三日間、母の付き添いができました。母は、「迷惑をかけて悪いわねぇ」と気の毒そうに言いました。

迷惑のかけかた

病状が落ち着いた母に私は、「迷惑をかける前に、迷惑をかけてよ」と頼みました。私が言った意味がよくわからないような母でした。そこで、まず、病気の体をいたわること、病気の体は、今までの体ではないことをしっかり認識すること、急に倒れられると、こちらも動きがつかないので、検診日を決めて連絡をすること、そうすれば、誰かが付き添うことができる、などということを事細かに説明しました。検診日があらかじめ決まっていれば、まわりはそれに合わせて、予定が組めます。誰かが付き添えば症状の変化も把握できて、次の手が打てるというわけです。病気がわかっているのですから、その病気と上手につき合うのがベストなのです。

助けてもらうことは弱さではありません。迷惑という考え方をサポートしてもらうという気持ちに変えてみる。すると、サポートしてくれる人のことも考えられるようになります。

〈人に迷惑をかけたくない〉という気持ちは、自分が元気で、気持ち通りに体が動くときには人間として立派なことですが、老いや病気によって、思うように動けなくなったら、客観的に自分の体を見つめてサポートを求めることは、人間としてさらに強くなることだと、私は思っています。

助けていただけますか？

以前、嫁いだ娘が出産したので、助っ人に出向きました。我が家では里帰り出産ではなく、嫁いだところで子どもを生み、夫婦で協力して子育てをすることを奨励し、そのためのサポートを出産祝いとしています。

最寄りの駅に降りた私は、そばのスーパーで食材を買い込みました。あれこれ、料理メニューを考えながらカゴに入れ、レジを済ませたまではよかったのですが、野菜や調味料はなんせ重い。五つの手荷物を前に、持ち運びができない自分がいました。気持ちは若いのですが、やはり体は老いている。

どうしようかと考えていたら、ちょうど、目の前を、鶏《にわとり》のとさかのようなヘアースタイルをしたお兄さんが通りかかりました。私は思わず、「助けていただけますか？」と声をかけました。びっくりしたのは、とさかのお兄さんです。あたりをキョロキョロ見回しながら、「俺？」と言って、自分を指さしました。「タクシーのところまで、この荷物を運んでほしいの」と言うと、「あぁ、いいよ」と言ってくれました。私が、「ありがとう。助かったわ」と言うと、「また、助けてやるよ」と言ってくれました。

〈迷惑〉を〈サポートしてもらう〉という気持ちに変えると、生きるのが楽になります。老いの自立は〈サポートしてもらう〉ことから始まります。

思い出は心の中に

人生の終わりに向かって、身のまわりを片づけ始めた人たち。私は今、十一冊のアルバムたちとのさよならを始めています。

借金だらけの貧乏暮らし

人生の終わりを意識するようになって、少しずつ、身のまわりにあるものを整理しています。〈どうしようかな〉と思い迷っていたのが、段ボール箱に詰め込んである手紙のことでした。数えたら八百通近くもありました。

今から、四十年以上も前のことです。当時の私は二十代前半。入退院を繰り返す父と認知症の祖父。そして祖父亡きあと、半身不随から寝たきりになった認知症の祖母。私の青春は介護と家業である材木屋の手伝いに追われていました。

材木屋と言っても、借金だらけの貧乏材木屋。人を雇う余裕はなく、私がニトントラックを運転していました。男手が必要なときは、当時高校生だった弟をあてにして、学校に頼みに行ったこともありました。弟をトラックに乗せて、配達が終わると学校に戻す。あの手この手で生きていました。

「お嫁に行きます」

その頃から、私に縁談がいくつか来るようになりました。ですが、どの縁談も、大人たちの都合で向けられたように思えました。車の運転や事務ができて、明るく元気という私の表面は、嫁にしたら好都合だったのでしょう。〈冗談じゃないわ。人に自分の人生を決められてはたまらない〉と思いました。そう思っても、自分の人生の中に、結婚という道を入れることだけは考えていました。

子どもの頃から創意工夫が好きだった私は、アイデア製品を考えてはテレビに出たり、新聞の取材を受けたりして「アイデアお嬢さん」などと言われていました。結婚をするなら、同じ価値観を持つ人がいいと思っていました。

そこで、当時読んでいた特許関係の事柄が載るある新聞に、「お嫁に行きます」という広告を出すことを考えたのです。掲載をしてくれるかどうかわからないのを承知で、記事と掲載料五千円を編集部に送ってみたのです。やがて、運良く、私の広告は新聞に掲載されました。

私の人生は私のもの

当時、私は二十三歳でした。テレビ出演時の写真も載りました。結婚の条件に、「結婚後、私を大学に行かせてくれる方」という一文を入れました。これは、お金があるということではなく、女性が学ぶことを応援してくれる男性と結婚したかったからです。当時の風潮はまだまだ男性社会で、女性は祖母や母のように夫に従い、家を守る存在でした。私の心のどこかに、〈母のような生き方はしたくない〉という思いがありました。

この新聞広告の掲載は、父を怒らせました。「マスコミを利用するとは何事だ！」と怒鳴られましたが、私は怯《ひる》みませんでした。〈私の人生は私のものよ〉と思っていました。あれこれ、縁談を持ってきた親戚からも、冷たい視線を向けられました。とかく、奇抜な行動には反対は付き物です。でも、それを恐れていたら、自分の思い通りには生きられません。

人生を賭《か》けた電報

かくて、全国から三十通を越える手紙が届きました。私が嬉しかったのは、日本の男性の中には、こんなにも女性が学ぶことを奨励してくれる人がいるということでした。

そこで私は、何を規準に結婚相手を決めようかと考えました。〈もし、私が男性で、この記事を見たらどうするだろう〉と。私だったら……。私だったら、きっと電報を打つ。それなら、電報という価値観に人生を賭けてみようと思いました。もし、電報が来なかったら、結婚はせずに、別の生き方をしようと思いました。

「連絡こう」という電報を受け取ったのは、手紙をくれた男性方に、断りの手紙を書き終えて間もなくの頃でした。私は電報主に、自分の写真と戸籍謄本、履歴書、健康診断書を送りました。そして、見合いをし、婚約をしたのです。

人生の終わりに向かって

当時、父は歩けないながらも退院していましたが、祖母の介護の真っ只中。祖母を送り、結婚したのは、私が二十五歳になってからでした。その間、婚約者とはほとんど会うことはなく、毎日、日記のように手紙を書きました。婚約期間にお互いが交わした手紙が、冒頭に述べたダンボール箱の中身なのです。

思い出は心の中にあればいい。そう思った私は、細かくしてリサイクルに出しました。

最近、遠い昔に会った人からの手紙が舞い込みます。「古い手紙を整理していたら、あなたからの手紙が出てきました。なつかしくて思わずペンをとりました。もうすぐ、私は古希を迎えます」。旅先のユースホステルで同室だった女性からでした。「私は毎日、孫の世話に追われています」という返事を書きました。

人生の終わりに向かって、身のまわりを片づけ始めた人たち。片づけながら、遠い思い出がよみがえり、なつかしさがあふれるのでしょう。今日も一通手紙が届きました。「お元気ですか？　私のこと、覚えていますか？」

ところで、私は今、十一冊のアルバムたちとのさよならを始めています。

ひとりに慣れるレッスン

夫婦が意識して別々の時間を過ごすことが、自立するための道だと思うのです。

避けられない現実

どんなに仲の良い夫婦でも友だちでも、どちらかの死を境に、片方はひとりになります。これは生まれてきた人間の宿命で、避けることはできません。

おしどり夫婦で評判だったあるカップル。どこへ行くのも一緒で、何年たっても、恋人同士のように周りには見えていました。それにひきかえ、長年の夫婦関係に微妙なひびが入りはじめ、熟年離婚を密かに考えながら、悶々《もんもん》としている女性もいました。

ある日、仲良し夫婦の妻が突然亡くなりました。まさか、あの元気な妻が自分より先に亡くなるとは夢にも思っていなかった夫の落胆は激しいものでした。残された夫は日毎に痩《や》せこけ、以前の姿は見る影もなく、妻の後を追ったのです。

熟年離婚を考えていた女性は、夫の定年を機に行動を起こしました。離婚届の書類を突きつけられた夫にしてみれば、まさに、寝耳に水。自分の老後は妻の世話になることを当たり前のように考えていたのですから。この夫婦の意識の隔たりは残念ながら修復できず、妻は財産の分け前を手に、家を出ていったのです。

私たちはひとりで生まれ、やがてひとりで死んでいきます。生まれて、やがて老いて死を迎える。言うなれば、これが人生です。出会いがあれば、必ず別れがある。どんなかたちでも、自分の人生の最期、旅立ちはひとりです。

ならば、今の生活の中で、ひとりになるための訓練をしてみてはいかがでしょう。

ひとり対ひとりが共に生活をしているのだという意識を持つのです。夫対妻という関係ではなく、人間対人間です。

夫婦間の意識のズレ

先日、夫婦仲良く散歩をする知人の女性と久しぶりに出会いました。夕暮れどきで、私は買い物の帰りでした。私と彼女が話し始めたので、ご亭主はそのまま先を行きました。私が、「いつも、ご夫婦一緒で仲がいいのね」と羨《うらや》ましがって言うと彼女は小声で、「本当は私、ひとりで散歩したいのよ。でも、主人がつき合えというから仕方なくつき合っているの」と言ったのです。私は思わず、〈やっぱり〉と思いました。そのようなことは、今まで何度も耳にしていたからです。

「ひとりで気ままに買い物をしたいのに、夫が必ずついてくるの」「私はひとり旅がしたいのに、夫が一緒に行きたいと言うので、それなら行かないほうが楽だと思って、旅はあきらめているの。だって、旅先でも夫の世話をしなくてはならないなんて、ねぇ……」

傍《はた》から見ると睦まじく見える夫婦も、妻の我慢や妥協があっての仲良し夫婦だとすれば、いずれ、破綻《はたん》も免れないと思ったりするのです。何が足らないのでしょう。私が思うには、意識の切り替えと人間としての自立が夫婦間のズレを作っているように感じられるのです。

お互いの死を意識する

それを瞬時になおす特効薬。それは、自分の死と相手の死を思うことです。お互いの死を意識すると、おのずと、自立への道が開けます。ここで言う自立とは、自分で自分のことができるという自立です。元気なうちは自分の世話は自分でするこという意識です。私も、身内の介護が終わり、ようやく自分の死ぬ順番が来ました。

言いようのない自由です。

そこで、さらなる自由と安心を得るため、夫と向き合いました。お互い、もう親のいない身、どちらが先に死んでも恨みっこなしねと話し合い、自分の世話は自分でしてくださいと夫に申し出たのです。糖尿病の持病を持つ夫ですが、仕事からも離れているので、自由な時間はたっぷりあるわけですから、意識さえ変えれば自分の世話はできるはずです。と言っても、私が目の前にいれば、今まで通りのリズムで毎日の生活は流れます。

ひとりの時間を作る

幸い、私は介護経験を話す機会をいただき、時々家を離れます。これがチャンスと思った私は、講演日は家に帰らず、手頃なビジネスホテルに泊まって、翌日帰ることにしたのです。こうすることにより、夫はひとり、家を守らなくてはなりません。戸締まりやら、火の元の確認、さらには自分の食事の用意や風呂場の掃除、ゴミ出しというように、いつも私がしていたことを夫が自分ですることになるわけです。

私は家を空けるときは、「私が死んだと思ってね」と夫に言ってます。そして、「本当に死んだら、長い旅に出ていると思って」とも伝えました。

こうして、お互いのひとりの時間が少しずつ長くなっていきました。

夫婦が意識して別々の時間を過ごすことにより、相手を思う気持ちも深まります。

今ふたりが生きていることにも、感謝することができます。ひとりに慣れるレッスンは、夫婦それぞれが自立するための道だと思うのです。

認知症予防の近道は？

毎朝、夫が妻にお茶を入れる。
どちらも戸惑いがあるでしょう。
でも、この積み重ねが、お互いのためになるのです。

加齢による認知機能の低下

以前、六十五歳以上の高齢者のうち認知症の人は一五パーセントで、二〇一二年の時点で四六二万人にのぼり、その予備軍が四〇〇万人いるという記事を読んだことがあります。

この私も六十五歳を越えて、その人数の中にいずれ入るかもしれません。アルツハイマーや脳血管障害という病気からなるのとは別に、認知機能の低下は加齢によるものもあり、それは誰にでも起こることでしょう。

実際、私たち夫婦も、「ほらほら、あの人、あの人よ」「うん、顔は思い出せるんだけど、名前が出てこないんだよな」などという会話は日常茶飯事。それでも、勝手な想像でお互いが納得しているのか、今のところ不便なく生きています。

ところで、先の記事の中で気になったのが、「認知症の有病率が七十四歳までは数パーセント、八十五歳以上で四割を越える。多くの年齢層で女性のほうが高い傾向がある」という箇所でした。

高齢男女の意識の差

今、高齢期を迎えた女性の多くは、結婚後妻として夫を支え、家を守り、母として子どもを育て、さらには嫁として舅《しゅうと》、姑《しゅうとめ》の介護を担い、歳を重ねてきたのではないでしょうか。女性だからという役割のなかで生きて、その役割を背負ったまま年老いていく。常に受け身の時間に囲まれて、自分を抑えながらも、それが当たり前だと自分に言い聞かせて日々の生活を守ってきたのだと思います。

その点、男性は食事の用意も洗濯もすべて妻任せ。高齢になっても、元気に外を飛び回る。「健康の秘訣は？」と聞かれると、「毎日、規則正しく、三度の食事をとり、そして朝晩の散歩です」と答える。ですが、三度の食事を用意する妻のことを考えたことがあるのでしょうか。夫が散歩に出ているあいだに、妻は洗濯や掃除をし、買い物に行って、食事の用意をしているのです。

夫婦の自立

脳というのは楽しいことが好きだと聞きました。そこで、提案です。夫も妻も、父親、母親などの役割を終えたら、夫婦も卒業して人間同士として向き合い、共同生活者になることに意識を変えてはいかがでしょう。長年家を守ってきた妻という役割も卒業して、ひとりの女性に戻るのです。そして、自分の好きなことをする。映画を観に行く。美術館に足を運ぶ。その間は、夫に家を守ってもらいましょう。洗濯を頼み、食事の用意もしてもらいましょう。共同生活なのですから、遠慮は要りません。家のことは夫に任せて、着飾って出かけましょう。今まで自分がしていたことを少し、夫にしてもらうのです。

楽しい時間を過ごすと、自分の思い通りに動くと、脳が喜びます。好奇心が湧いてきます。ますます、楽しいことに興味が向いていきます。すると、認知症予防にもなります。女性のほうが認知症になる傾向が高いなどという数値をひっくり返すには、高齢の女性たちが自分を生きることに意識を変えればいいのです。

今まで、自分のことは妻任せだった夫も、自分で自分のことができるようになれば、これもまた認知症予防につながるでしょう。食事作りも洗濯も掃除も、ふたりで協力しながら、融通をきかせて動く。「ご夫婦、元気の秘訣は？」と聞かれ、「ふたりとも、家のことは何でもできることです」と答えられたら、素敵です。これぞまさしく、夫婦の自立です。

この先、妻の介護が始まっても、家事をこなせる夫になっていれば、お互い、不安はなくなります。外部からのサポートを上手に取り入れれば、それまで通りの生活が成り立つでしょう。

毎日の食事内容が偏らないように、各食材を布で型取って吊るした栄養モビール。

マンネリ脱出から始める認知症予防

夫の元気を、老いた妻が必死で支えているとしたら、これは元気な夫を介護しているようなものです。

八十歳を少し越えた女性がある朝、「私、ご飯の炊き方忘れちゃった」と台所でつぶやいたというので、あわてた同じ八十代の夫が娘さんを呼んで、病院に連れていったところ、診断はアルツハイマーだったという話を聞いたことがあります。私はこれを聞いて、〈もう、台所の仕事はしなくてもいいわよ。好きなことをしていいのよ〉という神様からのプレゼントのようにも思えたのです。

自分では何もできない夫は、妻があてにできなくなったので、娘さんにその世話を頼んでいるそうです。と言っても、娘さんにも自分の家庭があり、お姑さんの介護が始まった身。八方塞《ふさ》がりの中、〈せめて父親が、自分のことは自分でできる状態だったら……〉と強く思ったそうです。

年老いて、急に、自分のことは自分でと言われても、それは無理でしょう。ですから、お互いの自立はなるべく早く始めることです。その初めの一歩として、毎朝、夫が妻にお茶を入れる。どちらも戸惑いがあるでしょう。でも、この積み重ねが、お互いのためになるのです。当たり前の日常に変化を加える。すると、脳が活性化します。お茶ひとつとっても、立場を変えると、脳は刺激されます。認知症予防はマンネリ脱出から始めることです。

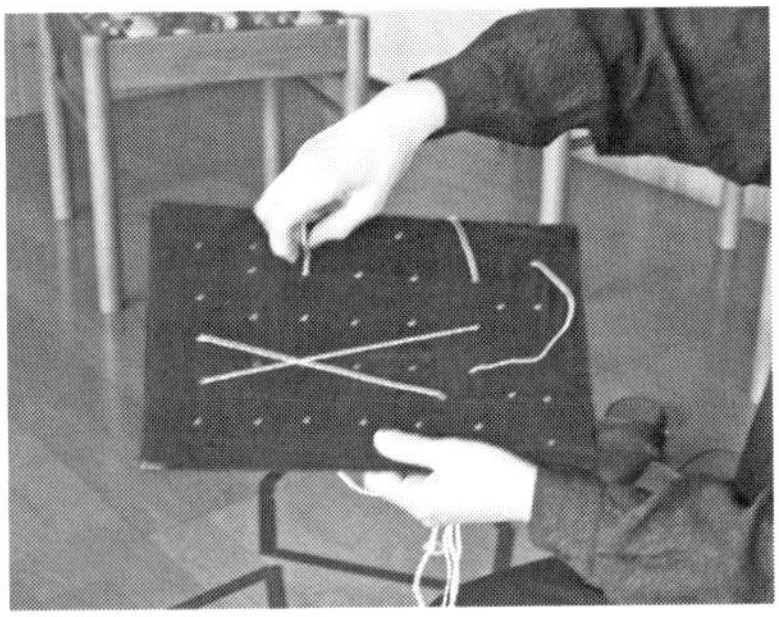

木箱の底板に穴を等間隔に開け、そこにタコ糸などの紐を通すと絵になって楽しい。指先を使うので、認知症予防対策になる。

安否の確認は自分から

子どもに安否の確認をしてもらうのではなく、率先して親のほうから子どもに発信する。これは元気を維持するための親の気配りです。

誰に見守ってもらうか

ひとり暮らしの高齢者が多くなっています。私たち夫婦も、この先、どちらかが先に逝《い》った場合、独居老人となります。独居老人は孤独で寂しいというイメージもありますが、自由で気ままというメリットもないわけではありません。

ですが、そこには安心と安全の確保が必要になります。確かな見守りがあってのひとり暮らしなら、老いても自立した生活が成り立つでしょう。そこで、誰に見守ってもらうかが問題になります。

まだまだ元気。掃除、洗濯、炊事もお手の物。今のところ誰の手もいらないと思っている高齢者はたくさんいます。誰にも迷惑をかけずに生活できるのだから、安否確認なんて必要ないと思っている人もいるでしょう。

モヤのような煙が……

実は先日、ヒヤッとする話を聞きました。元気な七十六歳の女性。夫を亡くして十五年。彼女のひとり暮らしは、自分のペースでリズムをつくり、快適なものでした。他県に嫁いだ娘さんがふたりいます。

ある晩、夕食用の魚を焼きました。こんがりと脂の乗ったサンマでした。彼女はひとり暮らしといっても、手を抜かない食事作りをしています。そして、季節を楽しみながら、ゆっくり箸《はし》を進めるのが常でした。その日は縁側にススキを飾り、お月見をしながらの食事でした。

いい気分で秋の風情をたっぷり味わっていたときでした。背中のほうから、モヤのような煙が漂ってきたのです。〈あら、煙……〉と思ったものの、それがどんなことなのか、思いが巡りませんでした。

すると、突然、煙が黒くなりました。女性はあわてて、煙の出ている台所を目にして驚きました。魚を焼いたガスレンジから、赤い火と黒い煙が出ていたのです。そこで、女性は気づきました。サンマを焼いたガスの火を消し忘れていたのです。

五感をフル活用する

私はこの話を自分のことのように聞きました。私も、煮物の鍋を弱火のガスにかけたまま、別の用事をしているうちに、そのことを忘れてしまい、黒こげ鍋を作ってしまったことが何回かありました。

そこで、私は、自分を信じないことにしました。忘れる自分がいるということをしっかり認識して、対処を考えたのです。その方法は、台所を離れるときは、たとえ家の中にいても、元栓を閉める。その元栓を閉めたかどうか忘れることもあるので、元栓に笑顔を描いた紙を貼りました。元栓が開いているときは笑顔が横向きになり、閉めたときは、まっすぐこっちを向いている状態になるようにしました。そして、「閉めました！」と声に出すことで、さらに記憶をハッキリさせました。

五感をフル活用して、安心、安全に対処する。これは、自分の老いとの闘いです。

安否の確認は親から

老いは残酷です。次第に、体は気持ち通りに動いてくれなくなります。それでも、元気に生活することはできます。ですが、その元気の確認も必要になります。

「まったく、子どもたちは、誰も私のことを気にかけてくれないのよ」とぼやく高齢者の言葉を耳にします。私はそれを聞くたび、元気に生活をしているのなら、それを親のほうから知らせればいいのにと思うのです。子どもたちは子育てや仕事で忙しい毎日を送っているはずです。その点、親のほうは体が思うように動かなくなってきたとしても、時間も自由もたっぷりあるわけです。

一週間に一度でもいい。子どもに手紙を出す。元気でいることを知らせる。文を書くのが面倒なら、○でも△でもいいのです。親からの手紙が届けば子どもは、〈ああ、元気で頑張っている〉と思うことができます。その手紙が届かないようになれば、子どもから、何らかの方法で連絡が入るでしょう。

お互いの生活を守る

安否確認をしてもらうのではなく、自分のほうから発信する。これは、元気を維持することにもつながります。

ある高齢の女性にこのことを話したら、庭の草花を絵に描いて手紙を出しはじめました。「自己流の絵で下手だけど、今度は何を描こうかなと思うだけでも楽しいのよ」と目を細めて、話してくれました。

また、ある男性は、「俺は毎朝、毎晩、決まった時間に電話をするんだよ。リーン、リーン、リーンと三回鳴らして、切る。俺が生きている合図さ」

親から子どもたちに、元気でいることを知らせる方法はいろいろあります。子どもに迷惑をかけたくないという親の気持ちもわかりますが、大変なことが起きて子どもたちが戸惑う前に、少しずつ、お互いのコミュニケーションを重ねて、安心と安全を確かなものにしていく。これは、お互いの生活を守ることでもあるのです。

あれこれ考えるより、先ずは行動。葉書一枚で始められる見守りです。

貯筋のすすめ

機械に頼らず、自分の手足を動かす。
動かせば動かすほど筋肉がついてくる。
貯金ならぬ貯筋は、楽しさとの二人三脚が長続きする秘訣なのです。

散歩の効用

人間は足から老いていくといいます。歩くことが体にとってどんなに大切かは、多くの専門家が力説しています。散歩の効用は世代を越えて浸透し、私も講演先で歩いています。老若男女、さまざまな人とすれ違い、散歩人の多さを実感していますす。ですが、歩くことに価値を見いだせない人がいるのも事実です。

今からかれこれ二十年前。義母の同居と介護は同時に始まりました。介護といっても、その時点では、杖をつけば歩ける状態でした。ただ、義母には特有の考え方がありました。「体は休めるのがいちばん。動くよりも寝ているほうが体にとって、とても良いこと」

義母の考え方の背景には、過酷な農作業の体験があると私は理解しました。ですが、動けるのに動かないのはもったいない。体というのは動かさないと動けなくなるということは、それまで祖父母、父の介護を経験して、私はよくわかっていました。

効を奏した家中散歩

動きたくない義母に、動かさなくては動けなくなることを何回も説明しました。すると、「シミができるから散歩に出たくない」と言い返されました。ですが、私は根気よく歩くことの大切さを話し続けました。

そんなある日、どう納得したのか、「散歩に行く」と言ってくれたのです。当時、小学五年生だった娘に、義母の散歩の付き添いを頼み、ふたりを送り出しました。ところが、五分もたたないうちに、ふたりは帰ってきました。「用もないのに歩きたくない」というのが義母の理由でした。私は改めて、散歩に対する考え方の違いを認識しました。

都会育ちの義母は、戦後、夫の故郷で農作業に携わりました。慣れない環境と物の乏しい中での五人の子育て。生きるために、必死に毎日と闘っていたのだと思います。自分の自由な時間を見つける余裕などなく、唯一の楽しみは、体を横にして眠ることだったのでしょう。

私は義母の人生を知ることで、義母の言葉を少しずつ理解していきました。「用もないのに歩きたくない」。この言葉の意味がわかると、「体は、休めるのがいちばん」という言葉も、よくわかりました。

寝たきりに憧《あこが》れていた義母でした。「寝たまま、何でもしてもらったらどんなにいいだろうねぇ」という義母の言葉に思いを巡らしながらも、現実は現実です。介護を担う私は義母の気持ちを理解しつつも、どうすれば動いてもらえるかが毎日の課題でした。

そこで、勧めたのが家の中の散歩でした。食後、「自分の歳の数ぐらいは歩こうよ」と誘って、杖をついて歩いてもらったのです。義母の目の高さに絵を飾ったり、花を生けたりの演出で、家中散歩は効を奏しました。

散歩を楽しめる人と苦痛に思う人。そこにはそれまでの人生が隠れているような気がします。

地球一周の旅

私の夫は長年糖尿病とつき合っています。食事と運動でなんとか、良くもならず、悪くもならずで、病歴三十六年を迎えました。特に毎日の散歩は欠かせません。

私たち夫婦は腰に歩数計を付けています。実は、これには思わぬ楽しみがあるのです。

五年前、私は還暦を迎えたのを機に、歩いて地球を一周しようと思い立ちました。と言っても、計算上の話です。四万キロの道のりを毎日の生活の中で歩く。その日の歩数を手帳に書き入れます。ちなみに本日は、一万五四二一歩です。歩数を書き込みながら、思いついたのが一歩を一円と換算することでした。「今日の稼ぎは一万五四二一円」

この積み重ねは貯金ならぬ貯筋。歩より円にすることで、とても得した気持ちになります。夫とふたりで、「私たち、億万長者になるわね」と笑い合いながら、セッセと貯筋を楽しんでいます。道を間違えても、遠回りになっても、貯筋が増えると思うと、むしろ楽しくなります。おかげで、足の筋肉も今のところ衰えずに、私の体を支えてくれています。

貯筋は楽しさとの二人三脚

地球一周までには、まだまだ年数がかかりそうですが、地球儀を回しながら、今はこのあたりねと思うのも楽しいものです。フランスを歩く旅もあれば、近所を歩くのも、旅だと思えば旅になります。

さらには、家の中でも旅はできます。階段は山登り。いろいろ忘れることが増えても、上ったり下りたりすることが貯筋につながると思えば、物忘れなどなんのその。

人生後半。終わりを意識すると、身のまわりのものを整理することにも気持ちが動きます。必要最小限の物での生

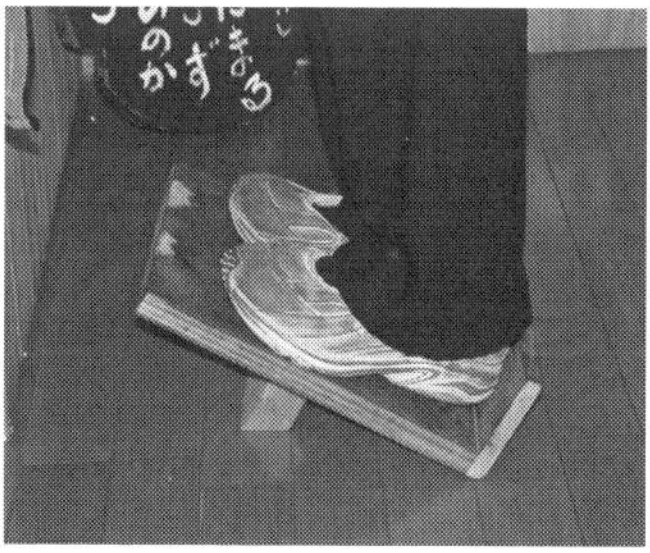

木材を加工して傾斜にし、その上に立つと山登りのスタイルとなり、アキレス腱を伸ばす運動になる。

活を心掛けると、今までの部屋が広くなります。すると、掃除も楽になり、さらには運動になります。

機械に頼らず、自分の手足を動かす。動かせば動かすほど、体は動くようになります。と言っても、無理なくほどほどが大切です。貯筋は楽しさとの二人三脚が長続きする秘訣なのです。

ストッキングの両端に軍手をつなぎ合わせて引き伸ばすと、手軽な肩こり解消用具になる。

安住の地

安住の地は自分の中に置くことです。
言い換えれば、自分の中に、自分という親友を持つのです。
いちばん信頼できる親友を持てば、恐れるものは何もなくなります。

祖母の匂い

「昔、私が生きていた時はねぇ」と寝たきりの義母がぽつりと言ったことがありました。「あら、それなら今は?」と私が聞き返すと、あたりをしみじみ見まわしながら、「今は、天国だね」と言ったのです。

夫を五十代で亡くしてから、気ままな生活が長い義母でした。「子どもの世話にはならない」を口癖《ぐせ》に歳を重ねていました。ですが、どんなに頑張っても、人間、老いには勝てません。生活のリズムが崩れての同居と介護が始まったのは、義母七十四歳、私四十四歳の時でした。

同居後まもなく、「あんたは私をエンマ様のところから救い出してくれた」と義母が言いました。気ままに見えた暮らしは、実のところ、不安の多い日々だったのだと私は思いました。

三世代同居の大家族に育った私は、老いも死も身近にあるものでした。父は病弱で、私が物心つくころから入退院を繰り返していました。父が入院すると母が付き添うので、おのずと私は、祖父母の世話になりました。祖母と一緒の布団に寝ると、祖母の匂いを感じました。その匂いは、義母が同居したとき、懐かしい匂いとして、私には感じられました。義母との同居と介護の日々は、容易ではありませんでしたが、老いを知っている強みで、不安なく向き合うことができました。

高級老人ホーム

今、あちこちに老人ホームが建設されています。そのパンフレットを見ると、まるで高級ホテルのような造りの施設もあります。

以前、ある高級老人ホームから講演を頼まれて出向いたことがありました。スタッフ対象の研修でした。入口を入ると、まさに高級ホテル。高い天井に豪華なシャンデリアが輝いていました。

目の玉が飛び出るような入居価格に、どんな人が利用するのだろうと思いながら、施設内の説明を受けました。ここを終《つい》の住みかとして人生を終える人もいる。水が張られた広いプールを眺めながら、ある女性のことを思い出していました。

その女性のひとり暮らしは、親の遺産が支えていました。老いもその遺産が支えます。お金に糸目をつけない彼女の老人ホーム探し。

かくて、お気に入りの終の住みかを見つけました。ですが、そこには誤算もあったのです。

どんなに豪華な老人ホームでも、シャンデリアが介護してくれるわけではありません。自分の世話をしてくれるのは人間です。それも自分で選ぶことはできません。介護とは、する人、される人、どちらにとっても選ぶことができないまま向き合うことなのです。

自由、気ままに生きてきた彼女。思い通りにはいかない人の壁にぶつかりました。介護は、物を買うのとは訳が違います。介護サービスを受けたら、サービス料を払うのは当たり前です。提供する側も、料金をもらうのは当たり前。この、双方の当たり前を踏まえて、人間同士としてどう向き合い続けられるのか。これが、質を高める介護なのです。

彼女は、スタッフの対応が気に入らないと、別のホームへ移りました。ですが、そこでも、彼女は安住を得られませんでした。

安住の地は自分の中に

私たちは、それぞれ、自分に合った終の住みかを見つけることはできるでしょう。ですが、そこが必ずしも、安住の地とは限りません。

人は誰もが、人生の最後、誰かの世話になって死を迎えます。それも、下の世話になるという現実があります。自分の思い通りの介護を受けるのは奇跡に近いでしょう。多少の我慢と妥協を自分に課して、世話をしてくれる人に感謝しながら、潔く老いと向き合う。その時に、自分を支えるのは自分なのです。

安住の地は自分の中に置くことです。言い換えれば、自分の中に、自分という親友を持つのです。他人に何を言われても、どんなに傷ついても、自分の中の親友に話しかける。いちばん信頼できる親友を自分の中に持てば、恐れるものは何もなくなります。

人生の最期。ひとりベッドで旅立つことになっても、自分の中の自分が、「あなた、頑張って生きてきたわよ。いい人生だったじゃない」と言ってくれれば、これほどの安心はどこにもないはずです。

幸せ感は訓練の賜物

幸せの感じ方は人それぞれです。何に喜びを感じられるかは、その人の価値観や感性によるものもあるでしょう。

いつの頃からでしょうか。私は、幸せを感じられるのは訓練によるものだと思うようになりました。〈嬉しい！〉〈楽しい！〉〈おいしい！〉〈きれいね！〉〈ステキ！〉〈ありがたい〉

これらの言葉から、何が想像できるでしょう。小さなことに喜びを感じられる人は幸せです。小さなことに幸せを感じられる人は、生きていることに感謝できます。感謝は人を笑顔にします。笑顔以上の幸せはないでしょう。小さな幸せは、ここ、かしこ、見える人には見えるのです。

めざそう、介護され上手

介護を上手に受けられるようになるにも、忍耐が必要です。ならば、今、動けるうちに自分の老いを意識して、自分の介護を始めてみるのは、介護され上手への第一歩だと思うのです。

尿瓶《しびん》のプレゼント

先日、夫の古希のお祝いに尿瓶をプレゼントしました。デパートの介護用品売り場で買い求めました。値段は三千円でおつりが少し。

「寝たきりになってから使うより、寝たきりにならないために使うほうがいいと思うわよ」と言う私の言葉に、夫は「冗談じゃないという顔をしました。そこでもう一押し、説明を加えました。

老いというものは、案外自分ではわからないもの。夜中、尿意が起きてトイレに向かう。途中、体がふらついて、転ぶかもしれない。転んだら、骨折する場合もある。骨折したら、入院は免れない。すると、当分は動けない。当然、筋肉は衰える。元に戻すのは容易ではない。戻らないまま、寝たきり状態になる可能性もある。ならば、今元気に動けるうちに先手を打って、夜中の排尿はベッドで行う。これなら、間違っても転ぶことはない。そして、朝、しっかり目が覚めてから、自分で処理をする。これが、まさしく、自分で自分の介護をすることになる。

この説明に夫はうなずき、「果たして、出るかな」と、私からのプレゼントを眺めたのでした。

朝までぐっすり

実は私も、ベッドのそばにポータブルトイレを置いて、〈夜中の排泄《はいせつ》はすぐそばで〉の実践を始めました。部屋が暗くても、寝ぼけ眼でも手探りで使用できるので、安心して眠りにつくことができます。ぐっすり朝まで眠れて、そばのトイレは今のところ、置き物になっています。

そこで、着古しのコートでトイレカバーを作りました。切り株風のこのカバー。中にトイレが隠れているなどとは誰も思わないでしょう。

今のところ排泄よりも、夜中、のどがいがらっ

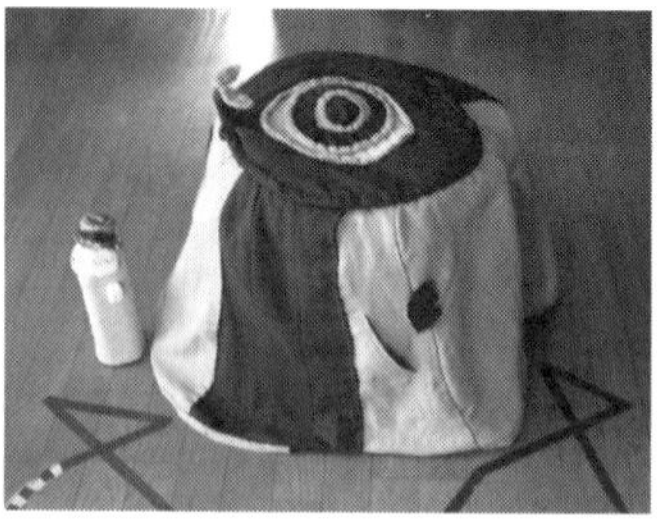

木の株をモチーフにしたカバーを取ると、中から現れるのは、夜中の排泄のためにベッドのそばに置いた義母のお下がりポータブルトイレ。ただいま、うがい用として使っている。

ぽくなったときのうがい用に利用しています。これも、洗面所まで行くことなく利用できますので、とても便利で安心です。

うがいに使用する水はペットボトルに入れて、手を合わせたお地蔵様のような力バーを作り、かぶせてあります。かくて毎日、かわいいお地蔵様と小さな双葉が出ている切り株が、私を見守ってくれているのです。

転ばぬ先の尿瓶《しびん》利用

ところで、先の夫ですが、渋りながらも使い始めて、その効果に、「これはいい」と言うようになりました。毎朝、自分で処理をするのも、日課となりました。

そんなある朝。庭でよろけて足をひねり、やがて足首が腫《は》れてきました。痛みで歩けず、ハイハイ状態。幸い骨折ではなく捻挫《ねんざ》でしたが、糖尿病の持病がある夫にとっては大打撃でした。散歩ができないので、運動量が減る。当然、血糖値は上がる。そのため、食事の量を調節したら、次は便秘で苦しむことに。

そんななか、救われたのが尿瓶を使うことに慣れていたことでした。水分だけは控えるわけにはいきません。当然、飲めば出る。尿瓶のおかげで、しっかり、水分だけは取ることができました。まさに、転ばぬ先の尿瓶利用だったのです。

人に介護をしてもらう前に、自分で自分を介護することは、介護してくれる人の気持ちを理解することでもあるのです。介護する側の気持ちと、される側の気持ちを知ることで、自分でできることとできないことがはっきり見えてきます。すると、何をサポートしてもらえば自分が楽に生活できるか、そのためには、どんなサポートを頼めばいいかがわかってきます。

介護され上手への一歩

以前、街中で、怒鳴り声を聞いたことがありました。「まったく、もたもたしやがって」と怒鳴っていたのは、車椅子に乗った、七十代前半と思われる太った男性でした。その車椅子を押していたのは、やはり男性と同じ世代に見える、華奢《きゃしゃ》な体の奥様らしき女性でした。思うように動かない車椅子。見かねた通行人が助っ人に入りました。「こいつは、何の役にも立たない女で」と、その男性はさらに女性をののしりました。

私は、このご夫婦はどんな介護の日々を送っているのだろうと思いました。妻に車椅子を押してもらう夫にしてみれば、切ない気持ちやプライドもあるでしょう。妻をののしることで、自分の気持ちを晴らしていたのかもしれません。

かつて私は、首から下が麻痺《まひ》している男性のつめ切りのボランティアをしていたことがあります。彼のひとり暮らしは、一日三回のヘルパーさんの訪問で成り立っていました。当時の私は、寝たきりの義母の介護中でもありました。

「羽成さん。俺、太らないように気をつけているんだよ。世話をする人、大変だもんな」。彼はいつも穏やかでした。

そんなある日、「不自由な体の自分を受け入れるのに、十年かかったよ」とつぶやくように私に言ったのです。私は彼から多くのことを学びました。

人間の心は、そう強くはありません。介護を上手に受けられるようになるにも、忍耐が必要です。ならば、今、動けるうちに自分の老いを意識して、自分の介護を始めてみるのは、介護され上手への第一歩だと思うのです。

未来は今

今何かをすることが、楽しい未来をつくる。
生きるとは、行動すること。
じっとしていては何も始まりません。

いつから老後？

「老後のための資金作り」「老後のための友だちづくり」などという特集が組まれた雑誌が目につく昨今です。ひと口に老後と言いますが、いったい、いつからが老後なのでしょう。

あの有名な双子の姉妹のきんさん、ぎんさん。ユーモアあふれるおしゃべりはまわりを和ませていました。あるときのインタビューで、「テレビの出演料は何に使いますか?」と聞かれて、すかさず、「老後のために取っておきます」と言ってのけたのは、実にお見事。「百歳、百歳」という歯切れのいい声は、今も私の耳に残っています。

あの時があったからこそ

ところで、今、自分の人生を振り返ってつくづく思うのは、あの時があったからこそ、この私がいるということです。あの時とは、私の過去の時間たちです。

私の最初のにおいの記憶は、クレゾールの臭いです。ようやく物心がついたころでした。私の人生は病弱で入退院を繰り返す父の存在から始まったといってもいいかもしれません。

毎日、夕方近くになると、奥の部屋から父のうめき声が聞こえました。黒い車が玄関先に止まると、白衣の医師と看護師が走るように家の中に入ってきました。やがて、父のその声が静まったと同時に、家の中にクレゾールの臭いが漂いました。恐る恐る、障子の隙間から父の部屋をのぞくと、洗面器で手を洗う医師の後ろ姿が見えました。子ども心に、病気の親がいるのだから、私はいい子にしていなくてはいけないと思っていたと、今、思い返せるのです。

時々、私は伯母の家に預けられました。離れに二階家があり、階段を上がると、目の前に姿見が置かれていました。

ある日、私は、その階段を上がり詰めたとき、鏡の中に母を見つけました。〈どうして、ここに〉と思った瞬間、その母は、鏡に映る私の横顔だったのです。それでも、私の心は浮き立ちました。階段を上がって、横を向くと母に会える。私は何回も、階段を上がりました。

一日の無事を願って

今思うと、子どもというのは何とたくましいものだということです。誰かに見守られなくては生きていけない存在ながらも、自分の心を満たす術《すべ》を持っていたことに驚きます。

家の中に、病気の父がいる。この父が突然いなくなるかもしれないという、恐怖に似た不安は、ある意味、私の人生の軸になっていたと、今、改めて思うのです。

恐怖に似た不安は、結婚して家庭を持ち、子どもを育てている間も常に、気持ちのどこかに、揺れ動いていました。ですから、いつもびくびくしながら生きていました。目の前の夫が突然いなくなるかもしれない。子どもが突然いなくなるかもしれない。一日が無事に終わることを願いながら、毎日生きていました。何事もなく一日が終わると、自然に感謝の気持ちがわいてきました。「今日も一日、ありがとうございました」と言える幸せもわかりました。

自分の世界を広げる

今、私は平日、共働きをする息子夫婦の子どもを預かっています。これまで、子育てに参加しなかった夫にも手伝ってもらっています。夫は「こんなに子育てが大変だったとは今まで知らなかった」と言っています。ですから子育ての大変さを教えてくれている孫に私は感謝しています。

私の人生は、祖父母、父母、義母の介護と四人の子育て、そして今のところ七人の孫の世話で歳を重ねています。誰かに合わせる受け身の時間のなかで、少しでも自分の時間をつくることを考えて生きてきました。隙間《すきま》の時間をつなぎ合わせて、自分の世界を広げていく。それはゲームのようでもありました。

末娘が三歳になったとき、私は通信制の大学で教育学を学び始めました。子育てしながらの勉学は自分の体験が加わるので、理論を超えたものを得ることができました。のんびりユッタリの勉強法は私に合っているようで、今は別の大学の哲学科に在籍しています。

学生歴二十八年。この間、子育て、介護、そして孫の世話とさまざまに状況は変わりましたが、学ぶ気持ちは少しも揺れていません。学ぶというより、好奇心かもしれません。知らないことを知りたい。それが自分の世界を広げることでもあるからです。

人生を楽しく

以前にも書きましたが、「趣味は？」と聞かれると、「稽古事《けいこ》です」と答えています。今までかじった稽古事を数えてみたら七十を越えていました。茶道、華道、香道、書道、剣道、薙刀《なぎなた》、皿回しに腹話術……。どれひとつ物になったものはありませんが、私の人生を楽しくしてくれています。この先車椅子になっても、私の好奇心はキョロキョロと動きまわるでしょう。

未来は今。今何かをすることが、楽しい未来をつくる。そして、生きるとは行動すること。じっとしていては何も始まりません。物事に失敗なんてないと思っています。経験はすべて自分の宝物になると思っているからです。

「姑のキクさん」に見立てた腹話術人形とともに、介護体験の講演をしている。

2 幸せに老いる

一期一会《いちごいちえ》の暇つぶし

小さな出会いを大事にすると、
そこに温かさが生まれます。
ほんの小さな温もりがあれば、
私たちは楽しく生きていけます。

読者プレゼント

インターネットも携帯電話も私の生活の中にはありませんが、毎朝、新聞を五紙読んでいます。夫との約束で、気になる箇所があったら、相手がまだ目を通していなくても、切り抜きＯＫとなっていますので、お互い、穴の空いた新聞を手にするのも、たびたびです。

だんだん歳を重ねてくると〈後で読もう〉と思っても、何を読みたかったのかを忘れてしまったり、後から思い出しても、どの新聞に書いてあったのかを忘れてしまうので、この切り抜き法を取り入れたのです。

いろいろな新聞を読んでいると、一つの事柄でも書き手が異なることで、記事内容が微妙に変わり、その違いを考えるのも楽しみの一つです。

さらなる楽しみは、読者プレゼントなるものが掲載されて、それに応募することです。最近ではネットなどへの応募方法が増えて、はがきに手書きの私流は、応募できないものもありますが、これも時代の流れだと思いながら、せっせと書くのを楽しんでいます。

魚のさばき方教室

先日、某新聞社の企画で「魚のさばき方教室」なるものを見つけて応募しました。講師が漁師の家に生まれ育ったおばちゃんというのが気に入りました。

この企画、人気があるようで、参加は抽選でした。かくて、運良く「ご当選、おめでとうございます」の報せを受けました。私の興味は、どんな人が参加するのだろうということでした。

当日、行ってびっくり。定員二十八名のうち若い人はちらほら。圧倒的に私より上の世代の女性の参加が多かったのです。言うなれば、ベテラン主婦の方々です。

四人一組で調理台を囲みました。七十代後半と思われる女性三人と六十代の私。魚が一匹ずつあてがわれ、講師の指導でさばき開始。たたきに揚げ物、吸い物と、みるみるうちに魚が変身。調理から後片づけまでメンバーの阿吽《あうん》の呼吸で流れ、かってない気持ち良さを感じました。命令する人もいなければ、聞く人もいない。それぞれが、その場の状況を的確に判断してさりげなく動く。

食事後、「また抽選に当たって、会えるといいですね」と口々に言って別れました。

人生の楽しみ

主婦を卒業して、主婦を楽しむ。一期一会の暇つぶし。人生の楽しみは、こういうことにもあるのだと思ったのです。

どういうわけか、最近、応募すると良く当たるようになりました。芝居にコンサート、美術館、はたまた水族館に動物園。当たったということは、縁をもらったことだと解釈して、遠足気分で出かけます。

出かけた日は家に帰らず、手頃なビジネスホテルに泊まります。平日は孫の世話をしていますので、土日は私の休養日。ホテルでは良く眠れるので夫には「入院してきます」と言って出かけます。食事は自分で作ったものを持っていきます。ホテルの部屋には冷蔵庫があるので、便利です。外出しても、食べ慣れているものを口にするので、体調は上々です。土日、たっぷり自由時間を満喫すると、平日の孫とのかかわりも楽ではありませんが、楽しくなります。

小さな出会い

ところで、「暇つぶし」という時間は、ある意味、とても贅沢《ぜいたく》な時間のように思われます。興味を持って出かけた先での人との出会いも、これまでにはない楽しさがあります。

劇場内で幕間に隣の席の人とのおしゃべりも楽しいものです。隣席というこの縁も、出会いの一つだと思うと、何も話さないのはもったいない。思うに、地球上にはたくさんの人が生きているのに、私たちは生まれてから死ぬまで、ほんの一握りの人との出会いだけで人生を終えていくわけです。

小さな出会いを意識すると、そこに思わぬコミュニケーションが生まれてきます。生の人間と顔を合わせて話す。これはインターネットでは味わえない楽しさでしょう。

先ず、行動すること

先日、乗った電車が動かなくなりました。どこかの駅でトラブルがあり、その影響のようでした。電車内に閉じこめられた乗客を見回すと、ほとんどの人が携帯電話を操作していました。しきりに、電車の遅れのアナウンスが流れます。

「まったく、いやになるな」と私の前の席の男性が独り言を言いました。歳の頃は六十代後半でしょうか。もう一度、「まったく、困るよな」とその男性が言ったので私も思わず、「困りますよね」と男性に向かって言いました。すると、一瞬、驚いた顔をしましたが、そこに会話が生まれました。会話は、周りの空気も和ませました。

外に出ると、一期一会の機会がたくさんあります。小さな出会いを大事にすると、そこに温かさが生まれます。ほんの小さな温もりがあれば、私たちは楽しく生きていけます。人との出会いを得るには、先ず、行動することです。一期一会の暇つぶしには、人との出会いが無限に待っているのです。

口げんかを楽しもう

思ったことを言葉に出す。
お互いの幸せのためだと思うと、ためらいが消えます。
気持ちがいいです。

仕事人間

長い間仕事人間だった夫は、リタイアしたあとも何かに夢中になると時間を忘れるという習慣がなかなか抜けきれず、私との口論が始まります。

現役時代の夫の仕事は、機械の設計と製造でした。難しい顔をしているときは何かを考えているときで、その顔つきを読み取るのに、私はだいぶ苦労しました。それに、何かアイデアがひらめくと、時間に関係なく自分の仕事場に出かけていくので、夫の動きにいつも振り回されていました。

出張の場合も、仕事に没頭するので、家族への連絡は一切なく、安否確認は新聞やニュースに夫の名前が出なければ元気でいるのだと思うことで、私は自分自身を納得させていました。時計を持つのも嫌い。よくあれで仕事ができるものだと思っていました。ときには、「僕、結婚していることを忘れていた」と言ったこともありました。

そんな仕事ぶりの夫の体が悲鳴を上げたのは、結婚して十年目のことでした。あれこれ病気が見つかり、夫は仕事を辞めました。

再び、仕事人間に

当時の我が家には九歳を頭に、七歳、五歳、三歳の一男三女の子どもたちがいました。毎日、子どもたちと入院した夫の元へ通いました。看護師さんから、「羽成さんの奥さんって、いつもニコニコしているのね」と言われましたので、「病名がわかって、安全で安心できるところに夫がいてくれるので、少しも心配がないんです」と答えました。

やがて夫は、治療を続行しながらも、退院することができました。夫が家にいてくれることは留守番がいるということです。子どもの世話はできないまでも、見守りはできると判断した私は、自分の時間を作ることを考えました。そこでの行動は、大学で勉強をしようということでした。かくて私は、通信制の大学で教育学を学び始めました。

三年後、夫は再び仕事を始めました。自宅から車で十五分ほどのところに仕事場を設けました。持病の糖尿病を抱えながらも、猛烈な仕事ぶりは変わらず、再び仕事人間に戻りました。

そして十年後、夫は再び病気が悪化し、仕事から離れました。

背中合わせの夫婦

思えば、私たち夫婦は背中合わせで生きてきました。仕事に全てを傾ける夫と家庭を守る私。夫婦として、しっかり向き合う間もなく、歳を重ねてきました。

私は四十九歳で身内の介護が終わりました。同時に母親業も卒業しました。我が家には子別れの式なるものがあり、子どもが十五歳を迎えると、親子から人間同士として向き合うことになっているのです。ある意味、私は自由になりました。

そんな折、ひょんなことから出版の機会を得て、著書『介護の達人』が世の中に出たのです。私の環境は変わりました。講演、対談、テレビ出演、ラジオトーク。さまざまな仕事が舞い込みました。

家族を残して、家を離れることも増えました。講演先で見知らぬ街を歩いていると、ふと、家族のことを忘れる瞬間がありました。さらに、結婚していることも忘れたのです。かつての夫の言葉がわかりました。

やがて、子どもたちは成人し、家庭を作りました。そして、私たち夫婦は結婚したときのようにふたりになったのです。

夫教育――初めの一歩

背中合わせだった夫婦が老いて向き合う。お互い白髪やしわが目立ち始めました。家事も自分の世話もできない夫との暮らし。これからのことを考えて、私は夫を教育しようと腹を括《くく》りました。

初めの一歩は、食後の食器を自分で洗うこと。やんわり、促しました。ところが、「こんなこと、どうして僕がしなくてはならないんだよ」と、思った通り抵抗しました。そこで、「手伝ってくれると、私助かるのよ」と言うと、渋々ながらも、自分が使った食器を台所に運んで洗いました。ですが、その都度、私が声をかけないと、食器洗いは止まってしまいました。

夫教育には忍耐が必要です。そして諦《あきら》めずに働きかけ続けること。今では私の分まで洗ってくれるようになりましたが、食器洗いが習慣になるまでには紆余《うよ》曲折、二年ほどかかりました。それでも、どちらかが旅立つまで、ともに暮らしていくからには、私がしてきたことを覚えてもらわなくては気持ちよく生活できません。

夫が仕事をしていたときは、〈仕事をしているのだから〉とあれこれ言葉に出すことを我慢していましたが、もうそれは解禁しました。口げんかを楽しむことにしたのです。

思ったことを言葉に出す。お互いの幸せのためだと思うと、ためらいが消えます。言いたいことを言い合う口げんか。気持ちがいいです。

年金を貯金する

お金がないのは不幸ではありません。
お金がないと楽しめないというのが不幸だと思うのです。

年金はまさに純益

昨年、六十五歳になった私は、年金を手にしました。年額八五万円。これからの私の命を支える大事なお金です。

実は、二十代前半、経済的理由で、保険料を払えない時期が四年ほどありました。それを六十歳を過ぎてからコツコツ支払い続け、六十五歳を目の前にして、ようやく支払いを終えました。かつての自分を挽回したようで、とてもうれしく思いました。

お金にはさまざまな顔があることを、私は自分の人生の中で学びました。生きていくために、ときには不条理なことも受け入れ、銭を稼ぎます。その銭が、自分の手に入ると、大事なお金になります。そしてその大事なお金を誰かのために役立てることができたとき、そのお金は心という顔に変わります。そう考えると、今私が手にしている年金は、まさに純金。かつて、手にしたことがなかったお金の顔です。

自営業で生きてきた夫も国民年金です。不思議なことに、ふたりそろって同額。合わせると、年額一七〇万円になります。大きなお金だと私には思えます。と言いますのも、一七〇万円は一七〇〇万円の仕事をして手にする純益だと思えるからです。

例えば、一個百円の物を売っての利益が十円とします。一七〇〇万円売り上げるのにはどれだけ大変かを考えると、一七〇万円の価値がわかるのです。

旅立つための準備金

私たち夫婦、今は元気で生活していますが、やがてどちらかが旅立つと、ひとりになります。すると、当然、年金もひとり分になります。

そこで、ひとり分でも生活できるように、月七万円でやり繰りすることにしました。もうひとり分は、貯金と予備費に蓄えています。年金を貯金して、旅立つための準備金を用意しているのです。

いずれ、介護が始まります。私たち夫婦の年金額では、どう逆立ちしても介護施設には入れません。今いる我が家で終わるしかありません。幸い、四人の子どもたちが結婚し、孫が増え、三世代別居の十七人家族になりました。

介護そのものは、介護保険を利用するつもりですが、その手続きや見守りを彼らに頼もうと思っています。介護が始まったら、それまで貯めた年金貯金を彼らに前渡しをして、看取りを請け負ってもらおうと思っています。実家に通うための交通費などの前払いというわけです。

月額七万円の算段

ところで、〈七万円で生活できるの？〉と思っている方もいるでしょう。

実は、これには少しからくりがあります。現在、私たち夫婦は共働きをする息子夫婦の子どもを預かっています。四歳と一歳。生まれたときからのかかわりですので、孫にとっては自分の親よりも、祖父母と過ごす時間の方がかなり多く、私にとっては子育て復活のようなものです。自分の子育てのときより体力的にはきつくなっていますが、そこは、長年の経験が物を言い、手抜きや要領のよさで、夫を巻き込みながら、笑いを生み出しています。

さて、前置きが長くなりました。私たちは、孫の世話をする代わりに、家の固定資産税と墓の管理料を息子夫婦に払ってもらっています。孫たちは午前中だけ時間制の保育園に通っていますので、送迎のガソリン代も預かり、米びつ満タンも頼んでいます。その代わり、夕飯用のおかずを用意し、孫たちは、お袋の味とともに、夜、親元へ帰るという算段です。

趣味のつぎあて

ところで、私の趣味のひとつがつぎあてです。ズボンや靴下。穴を見つけると、無性に針を持ちたくなります。夫のジーンズも私のつぎあてで、何年も役にたっていました。ですが、次第にジーンズの布そのものが弱くなり、つぎあて不可能になりました。そこで夫のジーンズ二本を利用して、つぎあて地蔵なるものを三体作りました。今、部屋の真ん中に鎮座しています。いずれ、夫が旅立ったら、お守りとして、一体五十万円ぐらいで娘たちに売ろうと思っています。

そんなことを考えながら生活していますと、毎日は楽しく、お金を使うこともありません。

二十代前半、親の病気や祖父母の介護、それに借金。人生の苦の部分を経験したおかげで、借金がなくて健康なら、お金持ちと思えるようになり、それに年金が加わり、今の私は大金持ちです。

お金がないのは不幸？

お金がないのは不幸ではありません。お金がないと楽しめないというのが不幸だと思うのです。

お金の顔を知ったことで、お金を生かして使うことも学びました。介護の講演活動を始めた五十歳のとき、

夫のジーンズに穴が開くと、つぎあてをして何年ももたせてきた。やがて布そのものが弱くなり、不可能になった。そこでジーンズ２本を利用し、つぎあて地蔵なるものを３体作った。

年金生活が始まる前までに百人の子どもの親になろうと考え、タイの子どもたちの教育里親になりました。六十五歳の誕生日。うれしいことに、私は百人の子どもたちの親になりました。

考える人

男性特有の理屈には
不条理さが隠れていることもありますが、
それで女性たちは鍛えられてきたのかもしれません。

とりあえずの「わかった」

最近の夫は認知症になったのかと思うほど同じことを何回も聞きます。「今日は燃えるゴミの日？」「保育園のお迎え時間は何時だっけ？」と。

資源ゴミや燃えるゴミの日は、台所の壁にその細かい内容が書かれてあるのですが、見て確認することをしないで、私に聞くのです。孫の迎えも、親の都合や本人の通院などで、預かる時間が変わったりするので、その都度、「明日は、お迎えはありません」などと言っておくのですが、そのときは「わかった」と言うものの、次の日になると、また聞くのです。

認知症を疑うこともあったのですが、いろいろ夫を観察してみると、これは、認知症ではなく、人の話を聞いていないということだということがわかりました。あの「わかった」は、別のことを考えていての「わかった」なのです。要するに、とりあえずの「わかった」なのだということがわかりましたので、私も作戦を変えて、明日のことは明日になってから伝えるということにしました。

あてにできない

朝、夫と顔を合わせたとき、本日の予定を告げて、時間の確認をします。それでも、何かに夢中になると、朝告げた時間を忘れることもあるのです。

夫は、朝早く車で家を出て、元の仕事場で趣味の木工細工などをして遊んでいます。孫の迎えや私の買い物の時間に合わせて帰ってくるのですが、時々、遊びに夢中になってその時間を忘れることがあります。こちらもその点は想定内と承知して、対処を考えます。

孫の保育園までは、自宅から車で二、三分のところですが、夫をあてにできないと察したときは、私は徒歩での迎えに切り換えます。ゆっくり歩いて二十分。私が保育園に着くころ、夫の車がやってきます。私は何事もなかったかのように、その車に孫を乗せて家に帰ります。あてにできないということを考えると、ならば、どうすればいいかをまた考えますので、イライラはありません。

思い通りに生きる

そう言えば、最近、私は怒りという感情が消えているように思われます。これは諦《あきら》めとはまた違う気持ちです。物事はすべて、思い通りにはいかない。予定通りにはいかない。約束事も、守ることができない場合もある。だから、〈何が起こるかわからない〉というカプセルを自分の中に浮かばせておく。すると、流れが変わったと感じたとき、そのカプセルを意識すると、〈ならば、どうすればいいのか〉という行動が見えてくるのです。そして、自分がとった行動は、最善を選んでいると思うことで、自信と安心が生まれます。

携帯電話を持たない私は、確認ができないお陰で、想像力を膨《ふく》らませて、さまざまな方法を考えることで、自分の思い通りに生きることができるようにも思えるのです。思い通りに生きるということは、思い通りにはならないという、最悪の場合も想像しているからです。

哲学って何ですか？

私は、考えることほど楽しいことはないと思っています。何かを考え、そしてそれを行動に移す。

以前、大学で宗教哲学の授業を受けたとき、教授に、「哲学って何ですか？」と聞いたことがあります。「考えることです」と即答されました。さらに私は、「哲学者というと男性ばかりですが、女性の哲学者はいないのですか？」と聞きました。すると、「いないことはないのですが……」とはっきりした返事はもらえませんでした。

そこで、私は考えました。女性は生まれたと同時に哲学者なのではないか、と。なぜなら、多くの哲学者を生み育てたのは女性だからです。ソクラテスもカントも紛れもなく女性から生まれて、女性に育てられたのです。

とかく男性は理屈が好きです。そのために深く考えるのでしょう。あの、有名なロダンの考える人。あの男性は何を考えているのでしょう。もしかして、考えることを考えているのかもしれません。

考えながら行動する

あの彫刻を思い出すたび、あの姿勢は女性には似合わないと思うのです。私たち女性は、考えながら行動します。あの姿勢を続けていたら、食事の用意も洗濯もできません。

女性たちは一度に多くのことをこなしています。最初は考える人でも、やがてそれらをこなすうちに、考えなくてもできるようになるのです。すると、次の考えるテーマが湧いてきます。

先日、同じことを何回も私に聞く夫に、「これで、もう五回目よ」と答えると、「いいじゃないか。こうして夫婦の会話が増えるのだから」と言い返されました。

そう言われてみて、確かにそうだとも思いました。会話として考えれば、確かに会話です。夫の理屈は、的を得ています。男性特有の理屈には不条理さが隠れていることもありますが、それで女性たちは鍛えられてきたのかもしれません。

人は次の世代を生きる人間に死を見せて、生きる力を与える。それは、「いずれ、お前も死ぬ。だから、生きている間は、しっかり生きろ」というメッセージのようにも思えるのです。

八十六歳の祖父母の死

私は過去、五人の身内の介護と看取りを経験しました。祖父、祖母、父、母、そして義母。それぞれの人生の終わりに、それぞれの死がありました。

亡くなって、体が氷のように冷たいのに、なぜか、足の裏だけは、いつまでも柔らかだった祖父でした。八十六年の人生を支え歩いた足だと思うと、なぜか愛《いと》しく、私は両手でその足をさすりました。私の手の温もりが祖父の足に移ったのか、温かくなったような気がしました。でも、すぐに冷たくなりました。

死を迎えた祖父。床の間にはかつて祖父が掛けた菊の花の掛け軸が下がっていました。

祖父が旅立って二年後。祖父と同じ八十六歳で祖母が亡くなりました。

その時、私は何気なく、祖母の布団をめくりました。やせ細った足。ふと、爪《つめ》が伸びていることに気づきました。亡くなって間もなくのことでしたので、温もりが残っていました。ゆっくり、ゆっくりと、祖母の足の爪を切りました。

「あっ」と私は声を上げました。爪を深く切りすぎて、血がにじんできたのです。思わず私は、「ごめんね」と謝りました。亡くなっているのに、赤い血がにじみ出る。

私はあわてて、軟膏《なんこう》をその指に塗りました。

父と母の最期

病弱で入退院を繰り返していた父が最期を迎えたのは、六十五歳の時でした。腹水がたまり、排泄《はいせつ》がままならない。私に向かって「俺を殺せ」と怒鳴りました。あまりに怒鳴るので、私はベッドに上がり、父を背中の方から抱きかかえました。「もう、いいわよね」と父に言ったら、「もういい。充分生きた」と言って、眠り始めました。額の脂汗と父の体臭は、死に向かう最後の力のように思えました。

やがて、父は息を引き取りました。時間がたつにつれて、父は冷たくなっていきましたが、父を抱いていた私の胸はいつまでも温かく、父に生きるエネルギーをもらったと思いました。

延命処置で生きていた母に、私は、「もう頑張らなくてもいいから」と声をかけました。言葉を発することができなくなっていた母が大きく頷《うなず》きました。

それから間もなく、母は大きな息を残して父の元へ旅立ちました。七十三歳でした。

奇しくも、父と母は同じ病院の同じ部屋で最期を迎えたことに私は気づきました。窓の外の景色が同じだったのです。母が亡くなった時、スズメが一羽、窓枠に留まっていました。私は父が迎えに来たのだと思いました。

死者からのメッセージ

義母の死が近づいた時、私と夫が見守っていました。口の中から茶色の唾液のようなものが出始めました。夫と交代でそれを拭《ふ》きながら、私は義母の頭をなでていました。

「おばあちゃん、『しっかり食べて』も『しっかりあちこち動かして』も、もう言わない。ずーっと寝てていいからね」。私の言葉が義母に聞こえたかどうかはわかりませんが、次第に穏やかな顔になっていきました。八十年の人生。とても静かな別れでした。

それぞれの死から、だいぶ時間がたっているのに、私の記憶は、その時のにおいまで蘇《よみがえ》らせます。そして、生きる力と同じように、死ぬにも力が必要なのだということを思い知るのです。

人は次の世代を生きる人間に死を見せて、生きる力を与える。それは、「いずれ、お前も死ぬ。だから、生きている間は、しっかり生きろ」というメッセージのようにも思えるのです。

人間はそう簡単には死ぬことはできないということを、身内五人の看取りから、私は学びました。生きて、生きて生き抜いて、ようやく死にたどり着くのです。ですから、私たちは体が不自由になって、「死にたい、死にたい」と願っても、死は受け入れてくれないのです。生きる、生きるで精いっぱい命を燃やすことで生と死が重なって、生が死につながっていくように思われるのです。

命を燃やす

以前、あるラジオ番組に出演した時、「羽成さんは死をどのように捉えていますか？」と聞かれましたので、「死は一生懸命に生きた人に与えられるご褒美《ほうび》だと思います」と答えました。それを聴いていた寝たきりの方が、「ご褒美とはいいですね」というコメントをラジオ局に送ってくれました。

命を燃やす。それは、さほど難しいことではありません。動けばいいのです。生きるということは行動することです。これは寝たきりになってもできることです。

私はよく、寝たきりだった義母に、「おばあちゃん、命を燃やさないと、お迎えは来ないわよ。しっかり食べて、動くところはどこでも動かしてね」と発破をかけていました。動くところはどこでもです。歩けなくても、両手両足、目玉でも動かしてもらいました。そんな私の促しに、「寝たきりでも忙しいなぁ」と義母は言っていました。

しっかり生きて、生き切る。それが、ご褒美につながるのです。

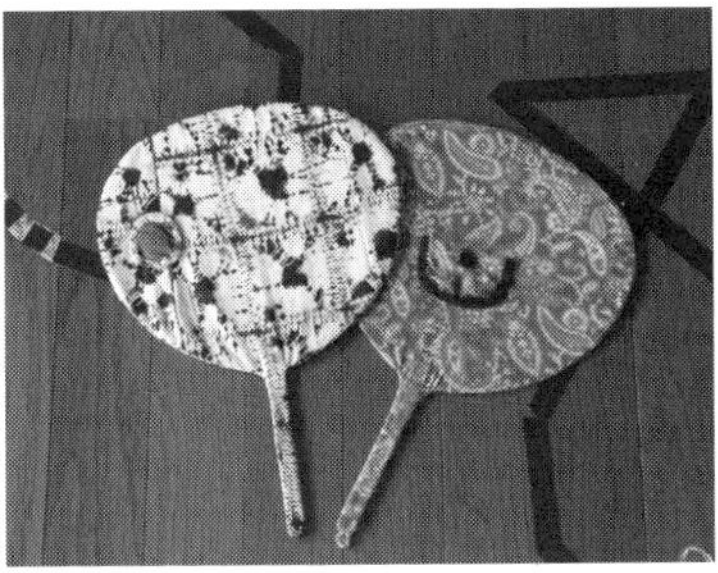

義母のために作った寝たまま体操用のうちわ。あおぐと腕の筋肉強化になる。無料で配布されるうちわに布をかぶせ、お香を入れるためのポケットを付けた。あおぐたびにいい香りが漂う。

義母の着ていた服やアクセサリーなどを使って作ったコラージュ遺影。

老老介護に明日はない

介護者には、自分を元気にする時間が不可欠です。
介護一色では、介護する人がやがて
介護される人になること間違いありません。

介護の土俵

「介護はひとりではできません」ということを、講演のたびに強調して言ってます。
ですが、多くの場合、ひとりの人がそのすべてを担っているのが現実です。
私の持論に「介護の土俵」なるものがあります。土俵の上で、介護される人とする人が一対一で向き合っています。従来、介護者は女性が当たり前のように土俵に上がらせられました。嫁や娘や妻たちです。そして、その土俵のまわりには、お金も出さない、手も出さない、口だけ出す人が無責任にその土俵を眺《なが》めています。介護だけでも大変なのに、その無責任な外野の言葉に介護者は傷つき、力をなくしていきます。

そこで、提案です。土俵に介護される人が上がったら、〈我こそ関係者〉と思う人は土俵に上がりましょう。そして、自分に何ができるかを考えましょう。おしめを換えるだけが介護ではありません。遠くて直接介護にかかわることができないなら、ヘルパー代を協力しましょう。お金は出せないけど、週一回、認知症の親をドライブに誘い出すのも、介護参加です。

私の場合は、義母が寝たきりになったとき、夫の兄弟に手紙を出しました。

〈このたび、あなたのお母様が寝たきりになりました。つきましては、一日三百

円のおしめ代を協力してください。私も元気な限り頑張りますので、よろしくお願いします〉

これは、お金が欲しいのではなく、関係者を土俵に上げるためです。

また、義母が体調を崩して入院したときは、〈このたび、あなたのお母様が体調を崩して入院されました。二週間ほどで退院できるそうですので、その間、お話し相手にお出かけください〉という手紙を書きました。

入院といっても、主治医から病状の経過を細かく聞いていますので、義母の入院中は、私の休暇日だと割り切って、ゆっくり買い物をしたり、映画を観たり、美術館に足を運んだり、私自身の元気を蓄えました。

気持ちを切り換える

この話をすると、〈どうせ駄目だわ〉と言う人と、〈真似をしてみようかしら〉と言う人がいます。私は、〈駄目でもともと〉の考え方が好きで、〈とりあえず、実行してみよう〉で生きてきました。

何事も行動に移すと、嫌な思いもつきまといます。だから、嫌な気持ちになることも予定に入れて行動するのです。とかく人はあれこれ言うものです。それが世間です。

病院という、安心で安全なところに介護される人が何日間かいてくれる。着替えを持っていったり、事務的な手続きをしたり、すべきことはありますが、それ以外は自分の時間をもらったと思って、自由に過ごすことをお勧めします。

私は、義母がショートステイを利用している間は、いつも介護している部屋のベッドを片づけて、別の空間を作っていました。小さなテーブルを置き、花を飾り、旅のパンフレットを広げる。そして、ゆっくりお茶を飲む。これも、義母が安心で安全なところにいてくれると思うことで、気持ちを切り換えることができるのです。

介護者には、自分を元気にする時間が不可欠です。介護一色では、介護する人がやがて介護される人になること間違いありません。ましてや、高齢者が高齢者の介護をすること自体、無理なことなのです。自分の命の世話だけでも楽ではないのに、もうひとりの命を背負う。共倒れは当然です。

老いと向き合う

以前、かなり腰の曲がった八十代前半の女性が百歳を越えたお姑さんの介護をしているというのを聞いたので、私が、「おふたりとも誰かのサポートを受けたほうがいいですよ」と言いましたら、「でも、私は嫁ですから……」という言葉が返ってきました。そこで私が、「今まで、充分に頑張ったのですから、もういいですよ」と言うと、「そう言っていただくと、気持ちが楽になります」と、申し訳なさそうな笑顔になりました。

確かに、姑が生きている間は、幾つになっても嫁は嫁。多分、お姑さんも、嫁が自分の世話をするのは当たり前のことだと思っているでしょう。当たり前と思うのは、自分もかつて嫁であり、姑の世話をしたのでしょうから。

ですが、私が思うのに、世話をしたときの年代が今とはだいぶ異なるのではないでしょうか。五十代の嫁が七十代の姑の世話をするのと、八十代の嫁が百歳を越えた姑の世話をするのとでは、わけが違います。増え続ける老老介護。しかたないだけでは済まされない問題です。

人間、誰もが老いる。そして、必ず、誰かの世話になる。それを踏まえて、自分の老いを意識する。介護する側もされる側も、自分の老いと向き合う。まずはそこからです。

老い費を使おう

安心と安全のためにお金を使う。
老い費を上手に使えば、散歩は続けられます。

歯磨きにマヨネーズ

人生後半は、自分自身の体もさまざまに変化していきます。物忘れに始まって、聞き違い、勘違い、思い過ごし、早とちり。それらのことが、家族間、夫婦間の中で現れると、思わぬ誤解に発展する場合もあります。

言い間違いをしても、そばにいる人が理解して対処してくれれば問題はないのですが、人によっては、AはA、BはBでなければ納得できないこともあるようで、その点が、老いとからむとややこしくなるのです。

たとえば、「歯を磨くのでマヨネーズがほしい」と高齢者が言ったとします。それを聞いた家族は、すわ、これは認知症と思う場合もあるでしょう。でも、ここで、その場面から歯を磨くものがほしいと言っているのだから〈歯磨き〉が必要なのだと、目的を見定めれば、「はい、どうぞ」と歯磨きを渡すことができるわけです。

この場合、相手の間違いを指摘するより、「はい、歯磨きをどうぞ」と〈歯磨き〉という言葉を使って渡せば、歯磨きをマヨネーズと言ったことを意識していなかったとしても、〈歯磨き〉という自分が必要なものと〈歯磨き〉という言葉が重なることで高齢者の心は、揺れずにすみます。

言い間違いは、自分で認識できる場合と、意識なく言う場合があります。いずれにしても、それを聞いた側の想像力があれば、間違いにはなりません。ですから、そばにいてくれる人が的確に察してくれれば、たとえ認知症になっても、ある程度は共に生活をしていくことは可能なのです。

ですが、夜中の徘徊《はいかい》やどこでもトイレになってしまったら、家族との生活は成り立たなくなります。そうなったら、見極めと割り切りの対処が必要でしょう。

乗りかかった船

今、認知症予防の本や対策が毎日のように新聞の広告などに紹介されています。「認知症だけはなりたくない」と言う人も多いです。運動、好奇心、社会参加などが認知症予防のカギのようですが、老いは残酷で、運動である散歩もしすぎると弊害を生じます。何事もほどほどがいいのですが、仕事のように散歩をしている人を見かけることもあります。

我が家の前をいつも同じ時間に通る熟年男性がいました。彼の姿を見ると、時計を見なくても時間がわかるほどでした。

ある日、その時間になっても、彼の姿が見えません。そうなると、こちらもなぜか気になります。体調でも悪いのかなと思っていたら、いつもの様子と違う彼が我が家の前を通りかかりました。歩いてはいるのですが、体が後ろに倒れるような歩き方です。

私は、お節介承知で外へ飛び出しました。フラフラの彼に「大丈夫ですか？」と声をかけると、「大丈夫です」と答えました。手には空になったペットボトルがありました。

我が家の前を過ぎると、あとは上り坂です。平らなところでも後ろに倒れるように歩いているのですから、この先の上り坂では、きっと後ろに倒れると思った私は、彼の後をついていくことにしました。ここで倒れたら、今後、彼の世話をする家族が大変です。

乗りかかった船。私は自宅に着くまで、彼の後をついていくことにしました。時々、後ろに倒れそうになる彼の背中を支えました。彼は家に着くまで、「大丈夫です」を繰り返し言っていました。大きなお世話も、ときには必要です。

タクシー代は老い費

散歩するのを家族から止められてしまったという八十代後半の男性と話したことがあります。歩くのが大好きなこの男性。

ところが、足の向くまま気の向くまま歩いているうちに辺りが薄暗くなってしまい、昼間と様子が違って、迷子になってしまったそうです。結局、警察のお世話になったうえ、家族の手を煩わせてしまったと落ち込んでいました。家族にしても、高齢者が散歩から帰ってくるまでは、〈どこかで倒れているのでは〉〈交通事故にあっているのでは〉と、あれこれ心配の種は尽きないものです。

運動にいい散歩も、高齢者になるとままならない。ですが、打つ手はあるのです。

糖尿病の持病を持つ夫も、毎日の散歩は欠かせません。先日、帰りが少し遅いと思っていたら、「いつの間にか、知らない道ができていて、そこを入ったら、いつもの道がわからなくなって……」と、薄暗くなったころ帰ってきました。

私は夫に、「今後、道に迷ったら、近くにあるコンビニに入って、タクシーを呼んで帰ってきてね。住所を言えば、ここに連れてきてくれるから。タクシー代は老い費だと思って使いましょう」と言いました。

安心と安全のために使うお金が老い費です。自分を守るためのお金です。たとえば、散歩がてらに、遠い店まで特売品を買いに行ったとします。目的の品を手に入れたのはよかったのですが、帰り道、いつもと体調が違うことに気がつきます。そこで、無理して歩き続けるか、安全を選んでタクシーで帰るか、選ぶのは自分です。

私は、元気を維持するための老い費は必要経費だと思っています。

人生のゴールを想定してみる

人生のゴールを考えると、あれこれ、行動しなくてはならないことが見えてきます。思い切り飛び込んでみると、道は広がるものです。

私に残された時間

身内の介護が終わった後、自分の命日を決めたことがあります。二〇二六年七月七日。この日を三十年カレンダーに「幸子逝《ゆ》く」と書き込みました。

決め方はこうでした。私の母親と夫の母親が亡くなった歳を足して二で割ったのです。私の母は七十三歳、夫の母親は八十歳でした。足すと百五十三歳。二で割ると七十六歳半。四捨五入して七十七歳にし、七並びがいいと思って、七月七日にしたのです。これを書き込んだのは、私が五十歳のときでした。そのときに思ったのは、七十七歳まで、まだ二十七年もある、ということでした。

ですが、一昨年、六十五歳を目前にして、少し心境が変わりました。それは、父親が亡くなった歳を意識したからです。

私が四十歳のとき、父は六十五歳で旅立ちました。もし私が父と同じ寿命なら、あと一年もたない。急に、私に残された時間を思わずにはいられなくなったのです。七十七歳の七月七日など、悠長なことを言ってはいられないと思いました。

逃げられない縁

私は「余命一日」という言葉が好きで、それを書いたボードを壁に飾っておくのですが、思うに、「余命一日」だと思って精いっぱい生きるのと、自分の寿命を意識して生きるのとでは、だいぶ中身が違うように感じられたのです。寿命を意識すると、自分のことだけを考えて生きるわけにはいかないことに行き着きました。

嫁、母、妻などという役割から離れ、夫とは人間同士として共同生活をし、ある意味育てる、守るというような大きな責任がない毎日です。ですが、何か、まだやり残していることがあるのではないかと思ったのです。それは、ひとりで暮らす夫の兄弟のことでした。長年の疎遠。ましてや私にとっては義兄弟。夫は私以上に、兄弟のことなど考えていませんでした。

でも、万が一何かがあったら、兄弟である夫のところへ連絡が入ります。兄弟同士では疎遠でも、世間から見れば身内という存在です。逃げられない縁があるのです。ましてや、お互いにもう若くない。人生の終盤を生き始めた者同士です。

再会のすすめ

私は夫に、兄弟で会うように勧めました。案の定、夫は拒みました。何十年も会っていないのに、今さら、何を話すんだと、めんどくさそうに言うのです。

ですが、兄弟である以上、今後、何らかのかたちでかかわらざるを得ない。こちらでできること、弟の今の生活の様子を身内として知ることは、これからの私たちの人生に大事なことだと説明しました。ましてや弟は妻子のない独身。

私は早速、夫の弟に電話をし、兄弟が顔を合わせるように勧めました。お互い、会うことを渋っていましたが、私は夫に、「弟に会うということで行くのではなく、自分がいつこの世から去るかどうかわからないから、お別れに行くと思えばいいのよ」と言いました。すると、「それなら」と重い腰を上げたのです。

疎遠も縁のうち

兄弟、二十数年ぶりの再会でした。お互いに髪の毛は薄くなり、お爺《じい》さん同士でした。「お互い、自分たちの十年後を考え、今何をすればいいか、具体的に話し合いましょう」と私は言いました。

私たちは自分たちも老いを迎えているので、兄弟の介護はできないことをはっきりと伝えました。弟は自分のことは考えていました。ただ、最終的な引き取りは受けることを告げると、安心したようでした。

帰宅後、「あなたの行動力には恐れ入りました。おかげで、気持ちがすっきりした」と夫が言うので、「兄弟、今までいろいろあったかもしれないけど、老いたら今がスタートだと思ってつき合えばいいのよ。疎遠も縁のうちよ」と言うと、「だけど、お互い、爺さんになったなぁ」とつぶやきました。

老いゆく人間の仕事

同じ親に生まれた兄弟、姉妹。それぞれがそれぞれの人生を生きる。そして、やがて、老いを迎える。死という現実を考えたとき、自分ではどうにもできないことに気づくはずです。死後の自分の行き先がある安心感は、生きる意欲につながります。

私は、夫の兄弟に関して、細かい心配はしないことにしました。自分自身を含めて、それぞれが自分の身を守る。それが老いゆく人間の仕事だと思っています。ただ、願うことなら、私はもうしばらく元気でいたい。夫や夫の兄弟を送ってから、自分が逝きたいと密かに思っているのです。

人生のゴールを考えると、あれこれ、行動しなくてはならないことが見えてきます。考えているより、とにかく動いてみる。老いと死。避けられない現実です。ですが、思い切り飛び込んでみると、道は広がるものです。

「ありがとう」をありがとう

これまでにたくさんの「ありがとう」を言ってもらった人ほど、人生の最期には、素直に「ありがとう」という言葉が出てくるのではないでしょうか。

言葉に表情を重ねる

私たちは言葉で自分の気持ちを相手に伝え、言葉で相手の気持ちを受け止めています。ですが、言葉だけに頼ると、人間関係は薄くなり、真意まで読めなくなることもあるでしょう。

名優、森繁久彌《ひさや》さんは「馬鹿」という言葉ひとつを何種類も使い分けできたと聞いたことがあります。怒った顔で言ったときの「馬鹿」と、ニヤリとした顔で言ったときの「馬鹿」。当然、相手の気持ちは異なります。言葉に表情が重なることで、相手は、その気持ちをすくい取る。今時のメール交換ではできないことです。

私の父はよく「バカヤロウ」という言葉を使いました。それはムシャクシャしたときの「バカヤロウ」もありましたし、照れ隠しの「バカヤロウ」もありました。今、振り返ると、あの「バカヤロウ」は信頼した人間に使っていた「バカヤロウ」だったと思われるのです。

「バカヤロウ」から「ありがとう」に

病弱で入退院を繰り返していた父でした。退院すると、まさにお殿様。母は言われるがままに父の世話をしていました。母に向かっての「バカヤロウ」は日常茶飯事。「バカヤロウ」で夜が明け、「バカヤロウ」で日が暮れる毎日でした。「バカヤロウ」ではなくて「ありがとう」を言えば、まわりはどんなに気持ちが安らぐだろうにと、私は何回も思いました。

今、振り返ると、あの父の「バカヤロウ」は自分自身に向けて言っていた「バカヤロウ」でもあったのではないかとも思われるのです。歩くことができない身体障害者になったのは父が四十五歳のときでした。思うように動けないもどかしさを「バカヤロウ」の言葉で発散させていたのかもしれません。自分を発奮させるための「バカヤロウ」だったとも思えるのです。

事実、確かに、死が近づいた父は「バカヤロウ」という言葉を使わなくなりました。「悪いなぁ」という言葉に変わりました。そして、「ありがとう」という言葉が頻繁《ひんぱん》に出るようになったのです。

物に託した義母の価値観

父を送った二年後。義母との同居と介護が同時に始まりました。

この義母も「ありがとう」を言わない人でした。孫が何か世話をすると物やお金をあげようとするので、私は義母に、「おばあちゃん、何かをしてもらったら、何かをあげるのではなくて『ありがとう』を言ってよ」と頼みました。すると義母は、「『ありがとう』だけでいいのか？」と聞き返したので、「何かをあげたら、相手に『ありがとう』を言わせることになるじゃない？　だから、ありがたいなぁ、と思ったら『ありがとう』って言ってよ」と私が言うと、「言葉だけでいいのか……」と怪訝《けげん》な顔をしました。

義母は戦争があった時代を生きてきました。物のない辛さがしみ込んでいるだけに、何かをしてもらったら、気持ちを物に託して相手に返すことがその時代を生きた人の情けなのだと私は思いました。

言葉より物やお金が重要視された時代と、あふれるほどの物に囲まれている時代。その価値観が異なるのも当然です。「ありがとう」という思いにも、時代背景が大きく映っていることを感じたのです。

もらいっぱなし

私も子どものころ、祖父母から、「何かをいただいたら、それ以上のものをお返ししなさい」とよく言われました。この言葉は、義母と同じように、物のない時代を生きてきた祖父母だったからでしょう。

当時は、それで人と人との気持ちのやりとりができていたのだと思います。ただ、その時代の価値観が物の豊かな今の時代には、すんなり当てはまらない場合もあるようです。

私はもっぱら、何かをもらっても「ありがとう」の言葉だけで、もらいっぱなしで通しているのですが、もらうと借りができたように思い、何かを返さなくてはと心を配る人もいるようです。

先日、定年後の男性が家庭菜園を始めて、あれこれ野菜がたくさん収穫できたという話を聞きました。家族は奥さんとのふたり暮らし。毎日、籠《かご》いっぱい取れる野菜に、最初は夫婦で喜んでいたそうですが、取れ過ぎてどう頑張っても食べきれない。そこで、ご近所に配ったところ、お返しに高級ワインやチョコレートが届き、恐縮した奥さんがご主人に、「あなた、あんまり野菜を作らないでよ」と叫んだそうです。

たくさんの「ありがとう」

ところで、人は人生の中で、どれだけ「ありがとう」の言葉を使って生きてきたのでしょうか。「ありがとう」を言われることの幸せ。「ありがとう」という言葉に元気をもらい、さらに「ありがとう」という言葉が聞きたくてまた頑張る。これまでにたくさんの「ありがとう」を言ってもらった人ほど、人生の最期には、素直に「ありがとう」という言葉が出てくるのではないでしょうか。

「今まで『ありがとう』をありがとう」

人生のかたち

さぁ、自分の人生を弾ませてみましょう。
人生は最後まで弾むようにできているのです。

人生とは地球のようなもの

物にはさまざまな形があります。それらは皆、意味を持っています。そこで、人生のかたちとはどんなものかを考えてみました。

思うに、人生とは地球のようなものではないでしょうか。地球は球です。それを人生と考えてみます。私たちは地球上の一点で生を受けます。そして、その点の反対側に死があります。生と死は球上で向かい合っています。

さて、一点から始まった人生。球を輪切りにすると、円になります。最初は小さな円です。やがて、その円は成長して大きな円になり、また少しずつ小さくなって、死という点にたどり着きます。生という点から死という点までが人生です。その間の円が人生における経験です。円は大きくても小さくても、三六〇度です。

その円にどう彩りを加えて生きるかが、その人の豊かさにつながります。ですから、円は死に向かって小さくなっていきますが、精神は生という点から成長し続け、死という点では最も大きくなるのです。ということは、肉体が老いに向かっていくほど、精神は成熟していくということになります。その成熟はさらに、肉体という存在を超えて、その身がなくなっても、後世に生き続けます。それが、命がつながるということでしょう。

私たちは、たくさんの円を生きています。せっかく与えられた円です。三六〇度の円を豊かに生きましょう。

家の中を歩くのも旅

今、介護をしている人は、介護だけではなくて、楽しいことを加えましょう。介護されている人も、介護されているだけではなく、今の自分に何ができるか、考えてみましょう。そうすることで、円が豊かになるのです。

たとえば、旅はいかがでしょうか。体が不自由だから旅などできない、などと言わないことです。遠くに出かけるのも旅でしょうが、近くを歩くのも、旅だと思えば旅なのです。

それなら、もっと近く、家の中を歩くのも旅だと思えば旅になります。一歩でも二歩でも、杖をついて歩く。車椅子に乗って、外を見る。ベッドから離れるだけでも、旅になります。デイサービスやショートステイも旅だと思いましょう。

そして、旅に出ている間に、介護者にも旅をプレゼントしましょう。自由な時間は介護者にとって、大きなプレゼントです。心と体を休める旅をプレゼントしましょう。

円の中に旅という彩りが加わったら、今度は絵を描いてみてはいかがでしょう。仮に片手が不自由でも、動くほうの手にクレヨンを持ってみる。そして、不自由な手を絵にしてみる。すると、不自由な手は不自由ではなくなります。絵として生きるからです。次々に、円に色を加えていく。さまざまな色が、生きるのを楽しくしてくれます。

さぁ、自分の人生を弾ませましょう。球はボールです。毬《まり》です。球は弾むようにできているのです。

皿回し

私は、身内の介護が終わったとき、自分が寝たきりになることを想定してみたことがあります。寝たきりになったら、きっとヘルパーさんのお世話になる。そのヘルパーさんを喜ばせることはないかと、あれこれ考えました。ヘルパーさんが作ってくれた食事。「あー、おいしかった」と言って、空になった食器をクルクルと回したら楽しいだろうなと思いました。思うだけでは、楽しくない。そこで私は、皿回しの稽古《けいこ》に通ったのです。

かくて、回すコツをつかんだ私は、台所の食器類をあれこれ回してみました。小鉢にどんぶり、汁椀に茶碗。おもしろいように回りました。寝たきりを想定していますので、回すために使う竹の棒もコンパクトにしようと思いました。釣りざお式に短く収められる棒を特注で作りました。これなら舞扇《まいおうぎ》サイズなので、枕の下に隠しておくことができます。使うときは棒を伸ばしてクルクル、という具合です。もし、片手が不自由になったら、同じように不自由な人とペアを組んで、皿回しをしようと思っています。

寝たままで講演

回す楽しみはさらに世界を広げました。美術館などに行って、国宝級のお皿や茶碗を見ると、〈回してみたいなぁ〉と思うのです。そして、想像のなかで回すのです。〈回った、回った〉と思うだけでも、楽しくなります。人生、四苦八苦は当たり前。だからこそ、楽しいことを見つけて生きるのです。

かつて、寝たきりの義母に、ボランティアをしてもらったことがありました。介護される側のモデル兼先生です。人間、生きている限り、誰かの役に立つようにできているのだと思います。

今後、私が寝たきりになったら、寝たまま講演をしてみたいと思っています。「今日のおしめの付け具合は快適です」などと、介護される側になってみなくてはわからないことを話してみたいと思っています。まさに人生、点で終わるまで円は輝くものです。

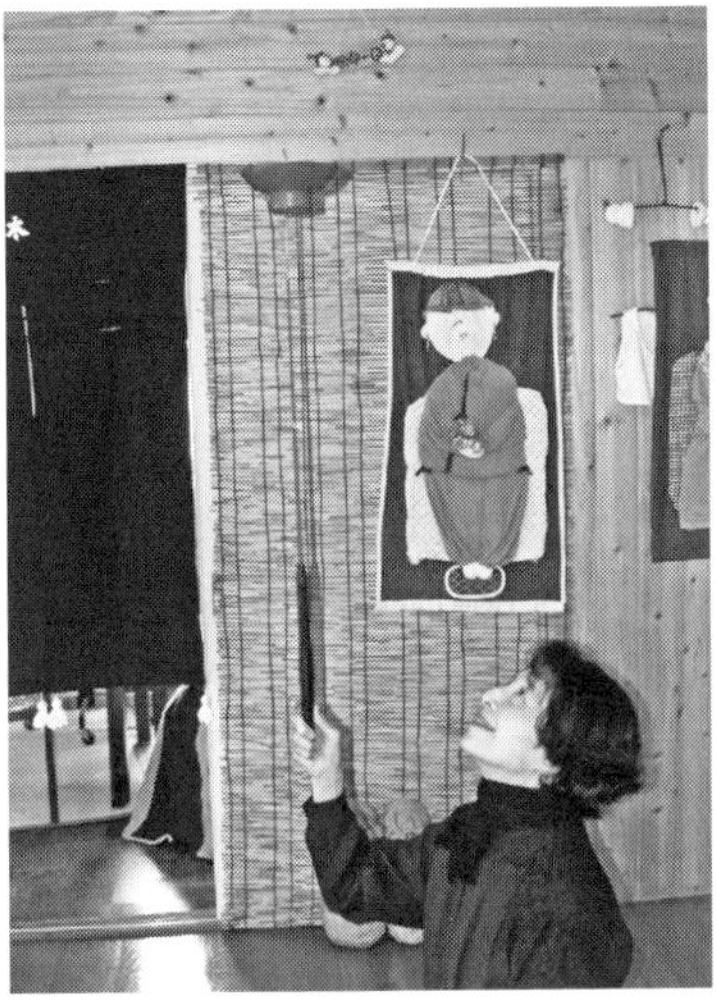

自分が寝たきりになったときのことを想定し、介護してくれるヘルパーさんを喜ばせようと皿回しの稽古に通った。回すための竹の棒は釣りざお式に短く収められるものを特注した。

匂い、臭い、におい

排泄《はいせつ》物の臭いが花の香りにイメージできれば、まさに介護の達人です。

おじいちゃんのにおい

最近、自分の体から出るにおいが、乳児のときのような匂いに感じられることがあります。乳を飲んでいたときのような甘酸っぱい匂いです。それは、ゆったりと楽しいことを考えているときに感じられます。ですが、忙しく動きまわると、その匂いは臭いに変わり、甘さが抜けて、酸っぱさが強くなります。

ひととき「加齢臭」などと言って、マスコミがあれこれ話題にしていたことがありましたが、生きている人間が放つにおいは、みな同じではないかと思うのです。それが、生きる環境や生活習慣によって、さまざまに変わり、そのときどきのにおいをつくっているのではないかと思えるのです。

あの未曾有の惨事、東日本大震災で祖父を亡くした小学生の男の子が、「じいちゃんのにおいがなつかしい」と言っているのを、テレビのインタビューで聞きましたが、彼にとって、おじいちゃんのにおいは、かつて一緒に過ごした思い出をつなぐにおいになっているのでしょう。

私たち夫婦も、孫の世話を始めて、かれこれ五年になります。孫育ては、スポーツのようなものです。待ったなしで、否応《いやおう》なく体と頭を動かさざるを得ない毎日。ベッドに入るとバタンキュー。たちまち眠りの世界に行けるので、格好の睡眠剤にもなっています。それよりも、孫に歳を取った人間のにおいを感じさせることも、私たちの役目でもあるように思えるのです。

暮らしの中のにおい

私は物心ついたころから、祖父母の部屋で寝起きを共にしていました。父親が病弱で、入退院を繰り返していたからです。祖母と一緒の布団。祖母が抱いてくれると、祖母のにおいがしました。隣に寝ている祖父のにおいも感じました。

家庭の中には、さまざまなにおいがありました。当時は汲み取り式のトイレでした。誰かが用を足すと、その臭いが漂いました。かまどで炊き上がったご飯の匂い。火鉢にいけられた練炭のにおい。匂い、臭い、におい、ニオイ、NIOI。私はたくさんのにおいに育てられました。

私は、何かを思い出すとき、決まってにおいも蘇《よみがえ》ります。どうやら、私の嗅覚は犬に近いようで、以前、それを調べてもらったとき、「こんなににおいを感じ取れると、生きにくくないですか」と、検査してくれた方から言われたことがありました。確かに、かすかなにおいも感じることができます。ですが、今まで、それを苦痛だと思ったことはありません。

いい香り

介護が始まったある五十代前半の女性の悩みは、臭いでした。姑の排泄物の臭いが自分を苦しめると訴えました。私はそこで、「たくさんのいい香りをご自分に取り入れるために、外に出たほうがいいですよ」とアドバイスしました。

世の中には、いい香りがいろいろあります。バラの香り、お線香の匂い、甘い果物の匂い。それらの匂いを知

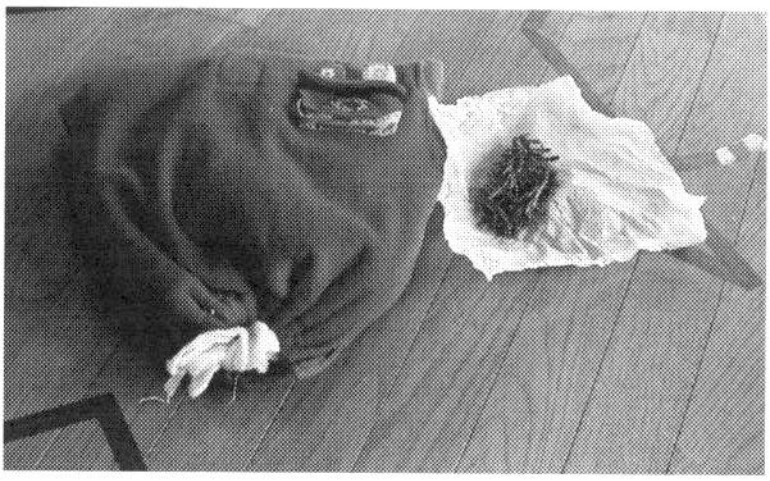

手作りの湯たんぽカバー。ポケットにラベンダーなど好みのハーブをティッシュにくるんで入れると、いい香りがしてよく眠れる。

っていれば、排泄物の臭いをいい香りに変えることができます。
私は、お気に入りの伽羅《きゃら》の香りを登場させました。かつて香道の稽古《けいこ》に通ってい
たことがあるので、そのときに得た香りの記憶を介護現場に取り入れたのです。苦
しいことには楽しいことで対処する。そのためには、介護を抜け出して、自分を楽
しませる機会をつくること。
そこで、考えるのが、〈どうすれば、自分の時間を手に入れられるか〉というこ
とです。自分が稽古に通うためには家を空けることになる。その間、誰かに介護を
担ってもらう。知人でもヘルパーさんでもよし。具体的に考えると、道は開けます。
たとえば、生け花の稽古に通うことにします。この効果は、まず、介護の現場か
ら離れることで、自分を意識できます。稽古に行くのには身なりを整えます。出か
けることは自分を解放することです。たとえ、稽古の時間が人の半分しか取れなく
ても、自分の時間をつくり出した達成感は、感性をも鋭くさせます。

排泄物の臭いが花の香りにイメージできれば、まさに介護の達人です。恐れるものがなくなります。悩みを消すのは行動です。

いずれ来る下の世話になる日

介護とはとどのつまり、排泄物の処理に尽きます。臭いから逃げられないのが介護です。というより、人間が生きるということは、極論を言えば、食べて排泄することの繰り返しです。そして、いずれ、自分も誰かの世話になる。私たちは、必ず、下の世話になる日が来るのです。今、目の前にいる介護される人は、いずれ来る自分の姿だと思えば、排泄物の処理も、自分で自分の世話をしていると思えるようになるでしょう。

こうなれば、介護者は、神様、仏様を超えた存在になります。なぜなら、いくら拝んでも、手を合わせても、神様、仏様はおしめを換えてはくださいません。ということは、エプロンを着けた神様、仏様が、全国あちこちで頑張っているのです。

臭いは、ヘルパーでもあります。臭いが知らせるから、おしめかぶれも防げるのです。

老いた体は誰のもの？

人生の最期、生まれてきたときのように、
きれいにしてお返ししましょう。

したたかな義母

〈介護を３Ｋという人がいます。〈キタナイ、クサイ、カワイクナイ〉がその３Ｋの意味だそうです。ですが、私に言わせれば、〈介護を引き受けた以上、〈汚い、臭い〉は介護者の責任です。まぁ、〈かわいくない〉だけは責任が持てませんので、かわいいと思われる人になってもらう以外に方法はないでしょう。

汚くしておくのも、臭くしておくのも介護者の責任と一口に言っても、相手は人です。それも長い人生を生き抜いてきた大先輩。したたかさも、しぶとさも充分身についている。すんなり、こちらの思うようにいかないのも現実です。

私も義母の介護ではだいぶ手こずりました。同居と介護が同時に始まった義母でした。とにかく、動くことを面倒がりました。動けるのに動かない。散歩に誘うと、「シミができるから、外に出たくない」と断られ、入浴を勧めると、「垢《あか》では死なない」とかわされました。とはいえ、「はい、そうですか」と言ってはいられません。

クレオパトラ

ある日、昼寝から目覚めた義母の耳元に、私はささやきました。「おばあちゃん、これからクレオパトラにしてあげるわね」。義母は怪訝《けげん》な顔で、「その、クレオというのは何だい？」と聞き返したので、「お姫様よ」と意味ありげに答えました。

かくて、私は、昼風呂に義母を誘い出しました。渋々ながらも、「お姫様」の言葉につられて、義母は浴室まで足を運びました。

義母が湯船につかった瞬間、私はエプロンにしのばせておいたバラの花びらを義母に向かってまき散らしたのです。赤い花びらが義母の肩や顔に迫り、湯面の花びらも揺れました。義母は目を輝かせました。「きれいだねぇ」と、花びらをすくい上げました。

映画のワンシーンを真似したこの入浴作戦は大成功でした。と言っても、前途は多難。あの手この手にも限度があります。

お風呂に入るのは誰のため？

そこで、私は、なぜ入浴が必要なのかを、じっくりと義母に説明することにしました。「おばあちゃん、お風呂は自分のために入るのではなくて、自分の世話をしてくれる人のために入るのよ」。私のこの言葉に、義母はキョトンとした顔をしました。「世話をしてくれる人のためにか？」と聞き返したので、「そうよ。歳を取ると、いつ病気になるかわからないでしょ。そしたら、お医者様のお世話になる。そのとき、垢だらけで汚かったら、診察してくれるお医者様に気の毒よ」と答えました。その説明以来、義母は一度も入浴を拒むことはありませんでした。

義母が歩けるうちは、家族が出払ったあと、昼間の入浴でした。やがて、義母は寝たきりになり、入浴サービスを頼むことになりました。

約束の時間に律義な義母

実は、ここでも義母の気持ちに向き合うことが必要でした。サービスを受けるということは、家族以外の人が我が家に出入りすることです。それは、入浴の時間に合わせて待機することになります。

「おばあちゃん、今日はお風呂の日よ。十時からね」と告げると、義母は決まって九時半頃から、ベッドの上で衣類を脱ぎ始めるのです。「まだ十時になってないわよ」と言っても、「準備しておかないとな」と言って、半分裸になって待つのです。義母の気持ちの中には、約束に遅れてはいけないという思いがあるのでしょう。

約束の時間を守るということに関して、義母はとても律義でした。そこで、私は、その律義さに便乗して、入浴スタッフの方が来てくれる時間より三十分遅れた時間を義母に告げることにしたのです。これは、大正解でした。

サービスは十時からといっても、浴槽を部屋にセットしたり、お湯を張るために時間を要します。十時の約束のときは、「おばあちゃん、今日のお風呂は十時半からよ」と告げることで、サービス開始時間と義母の準備時間がちょうど合って、裸で待つことがなくなったのです。

自分の老いと向き合う

人はそれぞれ、長年培ってきた習慣や教え込まれた道徳を身につけています。〈人に迷惑をかけてはいけない、時間厳守〉などという事柄は幾つになっても、意識の中に刷り込まれています。それが、他者にとって、わがままや頑固に思え、冒頭の3Kの一つ〈かわいくない〉になっている場合もあるでしょう。

悲しいかな、老いた体は自分の思うようには動かなくなります。ですが、老いとはそれが当たり前でもあるのです。ならば、老いた体を自分のものとは思わず、自分の精神と介護者とが見守ってあげるものと考えれば、かなり客観的に自分の老いと向き合えます。

老いた体は誰のもの？　人生の最期、生まれてきたときのように、きれいにしてお返ししましょう。

③ 最期の備え

幸せに負けない

幸せを維持するには、
気力と体力と忍耐力が必要です。

てんやわんやの毎日

もうすぐ、私は六十七歳になります。

平日は、息子夫婦の子どもを二人預かっています。五歳と二歳。午前中だけ保育園に行き、午後から夜、親が仕事から帰ってくるまで、夫と一緒に見守ります。

そこへ、嫁いだ娘が二番目の子どもを出産し、三歳の子どもを連れてやってきました。連れ合いは仕事に追われているとのこと。かくて、生後五日目の赤ん坊と、二歳、三歳、五歳という四人の孫の世話が始まりました。

私のスタートは朝五時。食事の用意に始まり、赤ん坊の入浴、洗濯、布団干し。夫が運転する車で買い物をすますと、保育園の迎えの時間。帰宅後、二歳の孫を寝かしつけて、三歳と五歳の孫を公園に連れ出します。その間、娘も赤ん坊と一緒にお昼寝タイム。昼夜、三時間おきの授乳とおしめ替えで、娘もくたくたです。

やがて三時。公園から戻るとおやつの時間。そこで、今度は、夫が散歩に出かけます。糖尿病のため、毎日の運動は欠かせません。六時近

保育園から帰った孫たちが楽しく自転車こぎや足踏みをする。程よく疲れさせ、ぐっすり眠らせるためのお昼寝推進マシーン。

くになると、にぎやかな夕食が始まります。

ようやく、七時。仕事帰りの親の迎えで、五歳と二歳の孫が帰り、ここでやっと一息。

てんやわんやの毎日。ですが、私は自分を守ることを意識して動きました。倒れるわけにはいかないのです。私が倒れたら、大変なことになると、自分に言い聞かせました。

四人兄弟

そこで、何を意識したのかというと、まずは睡眠です。いつもの私の睡眠時間は六時間。これだけは、何があっても確保する。さらに三度の食事。これもいつものように、いつもの時間にしっかり取る。

それにもうひとつ、自分の時間をねじこむこと。具体的には、朝六時からラジオの基礎英語を聞き、六時半からラジオ体操。さらには、クロスワードパズルを冷蔵庫のドアに貼りつけて、煮物をしながら解くことを楽しんだのです。さらなるチャレンジは、着物を一枚ほどいて、エプロンを作ること。

足掛け三週間。私たち夫婦のところに長男家族、次女家族が合流した時間は、孫たちにとっても、束《つか》の間ですが、まるで四人兄弟になったようで、お互いが成長した機会でもありました。

キッチン入浴

娘家族が帰る日、出来上がったばかりのエプロンをつけて、孫をお風呂に入れました。我が家の入浴場所は台所です。シンクにベビーバスを入れて、キャベツでも洗うように、赤ん坊を入浴させます。

このキッチン入浴は我が家の伝統で、自分の四人の子どもも、こうして入れました。腰にバスタオルを巻きつけて、お風呂上がりの赤ん坊をしゃがみながら抱きかかえると、ひとりでできるのです。それに、赤ん坊のほうも、どう安心しているのか、泣かずにいい顔をしています。

思えば、二十六歳で初めて自分の子どもを入浴させてから四十年。六十六歳になった今、八人目の孫を入浴させている自分がいることが不思議に思えます。四人の子どもと八人の孫。この手で十二人の赤ん坊の入浴をさせたのだと思うと、節だらけの自分の手が、妙に愛《いと》しく思えてきたのです。

祖母の入浴

実は、自分の子どもを入浴させる三年前、私は寝たきりの祖母の世話をしていました。認知症が進み、昼夜逆転の毎日でした。

そんな祖母が、ある日、「お風呂に入りたい」と言ったのです。当時、入浴サービスなどの制度はありませんでした。そこで私は、布団の上に盥《たらい》を持ち込み、お湯を張って、足だけ入れてあげました。祖母の足は痩《や》せこけ、枯れ木に布が絡まっているようで、その皮膚の表面から粉のようなものが、湯面にパラパラと落ちました。ヤカンにお湯を入れて、お尻を洗ってあげると、「あー、いい気持ち」と言って、まるで、認知症が治ったような祖母の口ぶりでした。

それから間もなく、祖母は旅立ちました。

幸せに負けない

毎日、孫の世話をしている私を見て、「幸せね」と言う人がいます。その様子を話すと、「とても、私にはできないわ」とも言います。

幸せを維持するには、気力と体力と忍耐力が必要です。幸せになるには、訓練も必要です。どんな状況になっても、上手にかわせる知識と知恵が必要です。

不幸に負けないことも、幸せに負けないことも、同じように思えます。言い換えれば、不幸に勝つことでもあり、幸せに勝つことでもあるのです。常に私は、ビクビクしながら生きています。次の瞬間、今の状態が崩れるかもしれないと思いながら生きています。それは、今までもそう思いながら生きてきました。

幸せに負けないことは大変です。楽ではありません。でも、今まで、多くの大変さを知ってきたから、幸せなのかもしれません。

しなやかに、したたかに

私を含めて、介護される日がだんだん近づいている人は、心を鍛えておかなくてはなりません。

介護は人生を保障してくれない

あるところでの講演後、相談に乗ってほしいという男性が控え室を訪れました。四十二歳。交際している女性がいて、結婚に踏み切れないで悩んでいるというのです。その理由は、ひとり暮らしの父親がいて、結婚すると彼女に迷惑をかけることになるかもしれないということでした。体が少し不自由な父親は、自分の年金で自由に暮らしているということも、私に話してくれました。

そこで、すかさず私は、「結婚したいのならしたほうがいいですよ。自分の人生です。親の介護を理由にあきらめないほうがいいです。それは仕事も同じです。介護は人生を保障してくれません」と言うと、少し怪訝《けげん》な顔をしたので、私はさらに続けました。

「親を捨ててもいいんです。これは、私が親になったから言えることです。捨てるといっても、無責任に捨てるということではなく、介護が必要になったら、安心できるところで生活をしてもらうのです。年金で賄《まかな》える範囲での施設を探して、安全に暮らしてもらうのです。その窓口を担うのがあなたです。直接の介護はプロに任せて、事務的なことを受け持つのも、親孝行ですよ」

彼は、「そういうことは考えませんでした」と、ほっとしたような顔になりました。

心を鍛える

昨今、親の介護で職を離れる人が多くなったと、新聞やテレビで見聞きします。さらには、親子心中やあやめるなどという悲しく辛い事件も後を絶ちません。どうすればいいのでしょう。

人にはそれぞれ人生という山があります。山裾《すそ》で生を受けて、山頂に向かって登っていきます。てっぺんは死です。多くの人は、そのてっぺんまで元気でいられると思っています。

ところが、てっぺんに行く少し手前に、辛い道のりが待っています。それは、どんなにお金があっても、どんなに地位があっても、どんな生き方をしてきても、人生の最後、ほとんどの人が下《しも》の世話になるという現実です。それは病院で二日ぐらいかもしれませんし、寝たまま何年になるのかもわかりません。いずれにしても、私たちは、誰かの世話にならなかったら、死にたどり着けないのです。

さらに、私たちは、世話をしてくれる人を選べません。介護はひとりではできないので、多くの人の手を借りることになります。ときには、嫌いなタイプの人の手でおむつを替えてもらう場合もあるでしょう。ヘルパーさんのほうだって、顔を見ただけで胃が痛くなりそうな人の世話をしなくてはならない場合もあるのですから。要するに、介護する側もされる側も、相手を選ぶことができないのです。

そこで、私を含めて、介護される日がだんだん近づいている人は、心を鍛えておかなくてはなりません。しなやかに、したたかに。多少傷つくことを言われて、おむつを替えてもらったら、「ありがとう」とニッコリ言える自分を今からつくっておくのです。

そのための訓練として、電車やバスに乗ったら、目の前に座る人を眺めて、〈もしかして、この人のお世話になるかもしれない〉と思うことです。道を歩きながらでも、すれ違った人を見て、〈もしかして、この人のお世話になるかもしれない〉と思うことです。これを意識して、訓練しておけば、堂々と世話を受けられる自分が出来上がるでしょう。

上手な迷惑のかけ方

子どもの世話にならないと言う人ほど、子どもに迷惑をかけるものです。迷惑にもかけ方があります。上手に迷惑をかけましょう。そのためには、まず、自分の老いを意識して、先手を打ちましょう。元気なうちに、介護サービスのメニューを学びましょう。老人ホームに体験入居してみるのもいいでしょう。

気ままなひとり暮らしをしていた義母は、常日頃、「私は子どもの世話にはならない」と言いながら、何の準備もせず、老いを重ねていきました。「おふくろの様子がおかしい」という夫の兄弟の知らせで様子を見に行った私は、生活リズムがすべて崩れていることを見抜き、その日のうちに我が家に連れてきました。

当時の我が家には、九歳、十一歳、十三歳、十五歳という多感な四人の子どもがいました。そこへ、義母の介護と同居が同時に始まったのです。それまでの親子六人の生活リズムが大きく崩れ、七人の生活を整えるのに、試行錯誤の毎日でした。

確かに、義母が言うように、「子どもの世話にはならない」は大正解でした。事実、義母の世話は私でしたから。義母が私に、ポツリと言いました。「私は子どもに嫌われているんだよ」と。

義母の介護は楽ではありませんでしたが、ひとつ救われたのは、私と義母の間には、お互いに嫌な過去の歴史がなかったことです。

教えのバトン

今、振り返って思うに、
孫の私が祖父母の介護にかかわることができたのは、
特別なことではなく、自然にできたことなのです。

祖父の顔

外出していて、夕暮れになると、なぜか、気持ちが落ち着かなくなります。それは、遠い秋の日、門限を忘れて、友だちとススキ取りをしていた十歳の私を思い出すからです。

当時の我が家は、祖父母と父母、そして私たち四人兄弟の八人家族でした。とりわけ、明治生まれの祖父母のしつけは優しさを含みながらも厳格で、長女の私は、いい子でいて褒《ほ》められるのが大好きな子どもでした。小学生だった私の門限は、家の電気がつく前に帰ってくることでした。陽のあるうちに家に帰る。それは重々わかっていました。

あの日の太陽は西でもまだ高いと思っていました。私の頭の中には、まだまだ遊んでいられるという思いがあったのです。ところが、秋の日は釣瓶《つるべ》落とし。瞬く間に、辺りが薄暗くなったのです。〈電気がつく前に家に帰ること〉という祖父の顔が頭の中に広がりました。

「あんたは、どこの子だい?」

私は、ススキを抱えて走りました。走っても走っても、なかなか家には着きません。あちらこちらの家に、あかりが灯り始めました。祖父の怖い顔がさらに大きくなって、頭に浮かんできました。

家の門が見えました。祖母が心配そうに立っていました。息を切らして祖母に駆け寄ると、「おじいさんに会わなかったかい？」と聞かれました。私の帰りを心配した祖父が探しに行ったと聞かされました。

私の体は震えました。震えたまま立っていました。そこへ、祖父が帰ってきました。私の顔をちらりと見て、「あんたは、どこの子だい？」と言って、家の中に入ってしまいました。私はさらに震えました。

あの日から五十数年もたっているのに、「あんたは、どこの子だい？」と言われた恐ろしさは今も鮮明によみがえります。と同時に、私は、家族に愛されて育ったのだと思えるのです。

祖父の気持ち

私が幼いころから、父は病弱で入退院を繰り返していました。母が父に付き添うので、おのずと私は祖父母の世話を受けました。今、改めて、祖父母に感謝しています。多くのことを学びました。

あれだけ厳格だった祖父も、私が高校を卒業するころ、認知症になり、徘徊《はいかい》が始まりました。探し回るのが私の役目でした。出口に鍵をかけると、二階の屋根から出ようとします。台風が来るというわけでもないのに、窓に板を打ちつけたこともありました。

そんなある日、「俺《おれ》に一億円貸してくれないか」と言ったことがありました。祖母も母も、「おじいさん、なんてことを」と嘆いていましたが、私は祖父の気持ちの中に飛び込んで、「おじいちゃん、一億円をどうするの？」と聞いてみました。

すると祖父は目を輝かせて、「牧場を造りたいんだ」と答えました。そこで私が、「わかった、おじいちゃん。そのお金、来週貸してあげる」と言うと、「そうか、お前はいいやつだ」と満足そうな顔になり、さっき言ったことを忘れて、また別の会話に移るのでした。「明日、俺の葬式があるから、座布団をたくさん並べなさい」と言われたときは、座布団を座敷いっぱいに並べました。

自然なふるまい

今、振り返って思うに、孫の私が祖父母の介護にかかわることができたのは、特別なことではなく、自然にできたことだということです。

私が風邪《かぜ》をひいて入浴できないとき、祖母はバケツにお湯を入れて、私の足を洗ってくれました。そうしてもらった経験があるので、祖母が寝たきりで動けなくなったときは、自分がしてもらったことを自然にしてあげただけのことなのです。徘徊する祖父を探しまわるのも、祖父のことが心配だから、居ても立ってもいられないからです。その心配は、かつて私を心配して探しまわってくれた祖父の気持ちと同じです。

人間、誰もが老いを迎えます。どう若作りをしてみても、動きの中に、老いは見え隠れするものです。マスコミなどで若さを誇っている高齢者を見かけますが、表面的な若さより、これまで培ってきた経験と英知とユーモアで勝負したほうがよほどステキです。

祖父の真似

先日、孫ふたりを連れて公園に遊びに行きました。同じような年恰好の子どもがふたり遊んでいました。すぐに打ち解けて、四人で鬼ごっこが始まりました。ひとしきり遊ぶと、ひとりずつ年齢を言うことになりました。孫たちが「三歳」「五歳」

と言うと、もう一組の子どもも「六歳」「四歳」と答えました。六歳の子どもが私に「何歳？」と聞くので「六十六歳」と答えると「すごーい」と言ってくれました。

夕日が傾き、長い影が五つ、公園の広場に移りました。私が「そろそろ帰りましょう」と孫たちに言うと、まだ遊んでいたいようで、帰るのを嫌がりました。そこで私は、「子どもはね、家に電気がつく前に帰らなくてはいけないのよ」と祖父母の真似をしていました。

天国への入口

多くの人が、老いや死に不安を抱えています。その不安を取り除くには、具体的に手順を知り、自分の生活に合わせた対処法を考えることです。

葬儀のかたち

最近、「終活セミナー」なるものがあちこちで開催されています。私も、興味あるものは参加して、今時の葬儀のやり方や自分の希望をどう受け入れられるかを具体的に考えています。

思えば、葬儀の方法もだいぶ変わってきました。祖父母が亡くなった時は、隣組の方々がすべて取り仕切ってくれました。男性は事務的な仕事と弔問客の受付、女性は賄《まかな》い。それらのことが、すべて自宅で行われました。

三部屋の襖《ふすま》が取り払われると、大広間になりました。奥の間に祭壇、その前に座布団が敷きつめられました。庭や台所では煮炊きが行われていました。まるで、お祭りのような葬儀でした。

父の時は菩提寺《ぼだいじ》で行われました。この時は隣組の方々の人数は少なくなり、賄いは業者が入り、寺の施設を借りたので、自宅ではゆっくりできました。母の時はすべて葬儀社に任せたので、家族の精神的負担はだいぶ楽になりました。

こうして、私はさまざまな葬儀を体験しました。

入棺体験

ところで、先日、「葬儀サポートセミナー」なるものが開催されましたので、参

天井に貼りつけた手鏡。毎日見上げると首の体操になる若返りの一品。

加してみました。目的は、入棺体験です。

「このお棺は美空ひばりさんが入ったものと同じです」と豪華なお棺の説明を受けましたが、私はいちばん安い桐の棺《ひつぎ》を選びました。

靴を脱いで横になると、意外に寝心地がよく、眠くなってきました。「閉めてみますか？」とスタッフに声をかけられ、蓋《ふた》を閉めてもらいました。顔のところだけの覗《のぞ》き窓。上から覗く人の顔が見えます。人間、下を向くと重力で顔のたるみが下がり、十歳老けて見えるということを聞いていましたので、スタッフの顔を見て、〈なるほど〉と思いました。ということは、私は寝ているので顔のたるみは下に流れ、十歳若い顔になっているのだと、ひとりほくそ笑みました。

遺影

このセミナーでは、遺影撮影のプレゼントも用意され、希望者が長い列を作っていました。

私の遺影はすでに作ってあり、部屋に飾っています。それは、結婚まもない、夫とふたりの写真です。夫三十一歳、私二十五歳。あらたな人生のスタートの時。そこから、どちらかが死を迎えるまで、夫婦としての二人三脚の人生。写真の下には「ありがとう」という言葉を書き添えました。

この「ありがとう」という五文字には、さまざまな思いが込められています。出

部屋に飾った結婚まもない夫とふたりの写真（遺影）。その下には「ありがとう」との言葉を書き添えた。どちらが先に旅立っても、付き添いがそばにいてくれる。

会った人、励まされた言葉、うれしい味、美しい景色……。これまでの時間が私を育ててくれました。どちらが先に旅立っても、付き添いがそばにいる写真です。それも若い……。

ひとり残されても、この写真を見て〈こんなに若い時もあった〉と、過去の自分を振り返り、元気をもらい、新たな二人三脚を始めようと思えるでしょう。これを見た夫も、「いいね」と喜んでくれました。

何事も先手

多くの人が、老いや死に不安を抱えています。人間、わからないものには不安を覚えます。その不安を取り除くには、具体的に物事を知ることです。そして、自分の生活に合わせた対処法を考えるのです。

人任せでは、不安は取り除けません。積極的に動いてみましょう。わからないこ

40代に作った自分用の骨壺。
今はレシート入れにしている。

とは聞きましょう。納得するまで考えましょう。人生には教科書も答えもありません。自分に合ったより良い方法を見つけるしかありません。何事も先手が必要です。

と言っても、老人ホームに入るのが早すぎて、退屈な毎日に耐えきれず、ひとり暮らしに戻って元気を取り戻した男性もいるという話を聞いたことがありますので、物事の見極めは難しいことも確かです。私も、自分の骨壺を四十代の時に自分で作りましたが、作るのが早すぎて、ずーっとレシート入れになっています。

要は懐《ふところ》具合

以前、散歩の途中でよく立ち話をしていた女性を見かけなくなったと思ったら、病気で亡くなったということを知人から聞きました。数か月後、その家の前を通ったら、家が取り壊されて、更地になっていました。ご主人と息子さんがいたようでしたが、私は会ったことはありませんでした。しばらくして家がなくなった理由を聞くと、驚きました。葬儀社の支払いが多くて、家を処分したということでした。

病気、そして死。気も動転しているうちに葬儀は終わります。「お任せします」と言っても、自分の懐具合を考えないと、大変なことになります。

私は、子どもと孫だけに囲まれた「子孫葬」を考えています。義母の時も、そうして送りました。一年間、お骨を家に置き、春夏秋冬を共に過ごしました。納骨の前日、骨壺をブルーのワンピースでくるんで、カバンに入れて、娘と一緒にデパートを歩き、映画を観ました。その義母が、毎日見守ってくれているような気がします。

一日は二十四時間ではない

同時に違うことをすれば、
自分の時間が増えたことになります。

フルコースよりもバイキング

歳を取るとはどういうことなのだろうか、と考えてみました。

一年は三六五日。その時間はみな平等に与えられています。一年過ぎると、一歳加算されます。六十年の時が過ぎれば、生きている人はみな六十歳になるわけです。

加算は死ぬまで続きます。

でも、私はあるとき、一日二十四時間を二十五時間にする方法があることを思いつきました。その方法とは、同時に違うことをする。つまり、フルコースの料理を食べるのではなく、自分の好みのものを好きなだけ一皿に盛るバイキングにすることです。

それぞれのお皿が時間だと思ってみてください。フルコースですと、オードブル、スープというように、一定の順序で組み立てられた献立が目の前に出てきます。デザート、コーヒーまで、流れは一本道のようで、そこへ別の料理が重なることはありません。ですが、バイキングですと、一皿にさまざまな料理を並べることができます。食べる順番も自由です。

時間を重ねる

この考え方を生活の中に取り入れるのです。たとえば、生活する上でのメニューとして、洗濯、掃除、買い物、料理、布団干しなどが挙げられます。そこに自分が楽しむためのメニューも付け加えます。読書、編み物、生け花、楽器の練習など……。

これらのメニューをフルコース式に行うと、洗濯物を干し終わってから掃除をして本を読むというように、一つひとつ終わらせてから次に進むかたちになります。これはこれでのんびりとしていいと思いますが、かなりの時間が過ぎてしまいます。

これをバイキング式にしてみると、洗濯機を回しながら掃除をして、同時に料理もする。これですと、同時に三つのメニューがこなせます。きっと、女性たちは、これを当たり前のように毎日繰り返していると思いますが、今まで、家庭のことは何もしなかった男性にとっては難しいことだと思います。

もうおわかりだと思いますが、メニューを重ねるということは時間が重なることでもあります。重なった分、自分の人生の時間が増えたことになります。

自分の時間を確保する

だいぶ前のことになりますが、二年おきに四人の子どもに恵まれた私は、毎日が子育て一色でした。朝から晩まで子どもの世話と家事に追われていました。それに夫が自営業でしたので、経理全般も私がこなしていました。自分の時間など夢のまた夢。睡眠さえままならない毎日でした。

でも、そこで考えたのです。なんとか自分の時間を奪い取る方法があるのではないかと。それが、時間を重ねる方法でした。

上の子どもが小学校や幼稚園に行っている間の昼時、ようやく歩き始めた下の子どもを背負って台所に立ちました。昼寝をする子どもを布団で寝かしつけるのではなく、自分の背中で寝かせるのです。

同時に、ガス台に鍋をかけての煮物作り。そして片手に本を持って広げました。もう片方の手で、背中の子どものお尻のあたりをトントンします。そして、さらに私は子守歌を歌いました。「ねんねんころりよ、おころりよ……」は意識せずに歌えますので、目は本の文字を追うことができました。匂いで煮物の出来具合もわかりました。

こうして私は、五感をフル回転させて、自分の時間を確保するためにチャレンジしたのです。やがて、背中の子どもは眠り、煮物もほどよく出来上がり、私だけの時間が現れたのです。

新たな名言

子どもを布団に寝かしつけたあと、私は部屋いっぱいに絹糸を広げました。組み紐《ひも》を作るための糸です。動きまわる子どもがいたらできないことを、小一時間楽しみました。ゲームに勝ったような気持ちでした。これに味をしめた私は、その後も、時間を重ねて使うことをあれこれ考えました。

義母は寝たきりで、便通が滞っていました。最初は薬で整えていたのですが、やがてそれも効かなくなり、三日に一回、浣腸で排便を促していました。当時、浪人中だった息子の手を借りて、浣腸後の義母をベッドのそばに置いたポータブルトイレに座らせました。

安全のため、排便が終わるまで、私はそばについていました。このときも、ただついているのでは時間がもったいないと思い、義母の後ろで、ギターの練習をしていました。

義母が私に尋ねます。「あんた、まだ、出るかね」。私はギターを弾きながら答えます。「自分のウンチなんだから、自分で考えて」。こうして、三日に一回、私はギターの練習をしていたのです。

「一日は二十四時間ではない」。新たな名言だと思います。それなら、私は今、時間で計算すると、何歳ぐらいになっているのでしょうか。

愛って何ですか？

愛とは行動です。
余計な言葉も言い訳もいりません。

介護はまさに闘い

愛という言葉には、人の気持ちを温かくする響きがあります。愛の誓い、愛の絆《きずな》、愛の眼差し。どれも、幸せを包み込んでくれるようなイメージが広がります。ですが、その本質をどれだけ理解しているでしょうか。

以前、あるところでの講演後、中年の男性から質問を受けたことがあります。

「愛って何ですか？」

私は即座に「闘いです」と答えました。彼は私の答えをどう理解したのか、大きくうなずきました。

ここで、介護における愛を考えたいと思います。「介護とはとどのつまり、排泄《はいせつ》物の処理に尽きます」ということを、以前書いたことがあります。

排泄物にも種類があります。頭のてっぺんから爪先《つまさき》までの排泄物を数え上げてみてください。ふけ、目やに、よだれ、痰《たん》というように、数えていくと、十種類以上あります。それらをこまめに処理していくのが介護です。〈あそこのおじいさん、いつもさわやかな顔をしているわ〉〈こちらのおばあさん、いつもこぎれいね〉と思ったら、そばにいる介護者の時間とエネルギーが相当に注がれていると思ったほうがいいです。さらに言うなら、介護者の人生が注がれているのです。

これを毎日繰り返していくのが介護です。まさに闘い。介護者自身、自分との闘いです。そして、それが愛なのです。

愛とは行動

その大変さは、意外に人には伝わらないものです。特に何もしない人には伝わりません。優しい人とは何もしない人です。かかわらなければ、傷つくこともなく、優しい言葉を投げかけられます。それが愛だと思っている人もいるので、介護者の心は揺れ動くのです。

お金も出さない、手も出さない、口だけ出す人の何と多いこと。これでは介護者はやりきれません。我こそ関係者と思う人は、愛の舞台に上がりましょう。

優しい言葉より、親の入れ歯を洗ってください。きれいな花束を贈るより、便通を整える役を担ってください。

愛とは行動です。余計な言葉も言い訳もいりません。今の自分にできることを、文句を言わずに協力しましょう。

介護を上手に進めるコツは、具体的、現実的、合理的に事を運ぶことです。要するにビジネスライク。これがスムーズにいけば、介護する側、される側に余裕が生まれます。介護は二人三脚です。する側とされる側が協力することで、介護生活が成り立つのです。

自分の都合のいいときに親元にやってきて優しい言葉をかける人、親のほうも、たまに来る人の言葉に〈あの子は優しいわ〉とうれしがる。優しいのはたまに来る人ではなくて、毎日そばで介護してくれる人のことです。ここを勘違いしている高齢者も多いようです。

介護における愛

ある敬虔《けいけん》なクリスチャンの女性が、心の内を私にぶつけてきました。お姑さんと介護中の彼女には、過去に嫁と姑の辛い日々があったそうです。その重いものを抱えながらの介護でした。

「羽成さん。私ね、どうしても気持ちが収まらないときは、おばあちゃまが脱いだ衣類を足で踏みつぶすの。すると、気持ちがスーッとして頑張れるの。私って悪い女でしょ？」と目をつり上げて、少しおどけるように話しました。そこで私は、「それも愛です」と答えました。すると、「やっぱり、羽成さんはわかってくれたわ。私ね、羽成さんなら、きっとわかってくれると思ったの」と、すっきりした顔で言ったのです。

介護における愛を考えたとき、憎しみも、怒りも、悲しみも、みな愛だと思っています。なぜなら、そう思うほど、相手と向き合っているからです。たまに気まぐれでやってきて、「おばあちゃん、元気で長生きしてね」などと言って帰る人と訳が違います。

死を受け入れる力

同時に、介護者は日々、葛藤《かっとう》との闘いでもあります。あんなことを言ってしまった、少しは優しくしてあげればよかったとひとり悩み、悔やみ、苦しみます。

でも、私は、その葛藤を恐れないでほしいと言ってます。介護の先には死があります。その死と向き合ったとき、日々の葛藤がたじろがない力をくれるからです。〈私たち、今まで頑張ったわよね〉という気持ちの一致が死を受け入れる力になるのです。看取った瞬間、介護者だった人は大きな愛に包まれます。

私自身、いつも守られていることを感じながら生きています。介護した祖父母や父母、義母が、いつも私の肩のあたりにいるような気がするのです。不思議な感覚ですが、感じるのです。介護においての後悔は何もありません。人間、できることなら、生まれた順に旅立つことが幸せなことだと、私は思っています。ようやく死ぬ順番が私に来ました。

さぁ、その日まで、私は楽しく生きます。今日が最後の日だと思って、大事に生きます。

〈コラム〉余命一日

死を意識すると、生きていることがとっても輝いてきます。私たちは、明日生きているという保証はありません。生と死は常に背中合わせです。3・11の大地震があって、余計にそう思うようになりました。私は部屋に「余命一日」という言葉を掲げています。私の命は今日限りだと思えば、すごく元気になります。人生とはその積み重ねです。

人生のゴールを設定してみると、生き方が楽になります。私の三十年カレンダーには、義母と母の寿命を足して二で割った七十七歳の二〇二六年

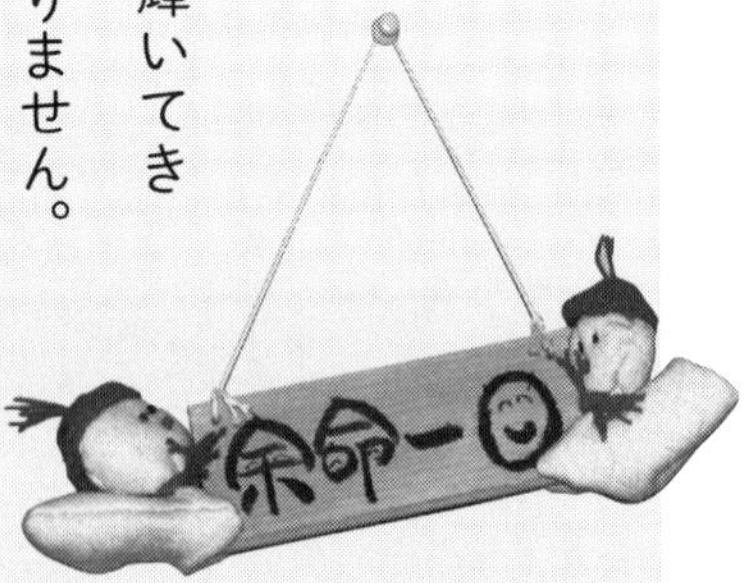

七月七日に「幸子逝《ゆ》く」と書いてあります。

私は高齢者向けに、「自分の命日を決めましょう」という講演をしたことがあります。そうすると、今まで漠然としていたものが、自分のゴールを決めることで、それまでに何がしたいかがわかってくるんです。一度、あそこへ行ってみたいとかいう思いが行動となり、けっこう元気になってくる。自分で決めた命日にまだまだ元気で、「三年後に再設定しました」という方もおられました。

人間は、だいたい生きる方向から先を見ます。折り返し地点を過ぎても生きる方から人生をながめると、その先に老いや病気や死が不安な材料として見えてくる。そこで、思い切って、死の側から人生を見てみる。そうすると、死は見えなくなる。すべて生きることにつながります。

あとがき

人生には、思わぬことが起きるものです。その日は珍しく、夫が掃除を手伝うというので、リビングから玄関までの通路と階段を頼みました。我が家の掃除機はかなりの年代物。使いこなすのにコツが要りますが、用はしっかり果たしてくれますので、大事に使っています。

その掃除機で階段の掃除を始めた夫に、先の部分を細いノズルに替えたほうが隅のゴミがよく取れると伝えましたら、「替えたいのだが、取り外せない」と言うのです。つなぎ目のボタンを押せば簡単に取れることを私は知っていますので、「ちょっと貸して」と言って、夫から掃除機を受け取りました。

ところが、いつもならカチッと簡単に取れるのに、この日に限って、ボタンは動きません。〈おかしいわね〉と思いながら、思いきり指に力を入れたとたん、ギグッという痛みが腰に走りました。腰を意識して、しっかり膝《ひざ》をついた体勢でしたので、一瞬何が起きたのかわかりませんでした。ですが、次第にその痛みが腰全体に広がり、立つことができなくなりました。〈ああ、ぎっくり腰だわ〉と思いました。久しぶりの青空で、ベランダにはいっぱい布団を干したところでした。

さて、これから、孫のおやつでも作ろうかしらと思っていた矢先のぎっくり腰。これからの私の予定がすべて止まってしまいました。とはいえ、今日の予定はこなさなくてはなりません。「困った、どうしよう」などと言ってはいられないほど、用事は迫っています。

そこで私は、無理をしない、自分の体を守ることを第一に考えました。今の私は、私だけの私ではなく、まわりの生活をサポートしている大事な体であることを自覚して、行動に移ることにしました。

まず、孫の親である息子に連絡を入れ、ぎっくり腰で思うように動けないことを伝えました。その日は、夕食後、孫たちを夫の車で私が送り届けることになっていましたが、息子には、仕事の帰りに我が家に寄ってもらいたいと頼みました。

三時間後には、保育園の迎えがあります。いつもは夫の車で私が迎えに行くのですが、園の駐車場から入口まで歩けそうもないので、ふたりの孫の引き取りを夫に頼むことにしました。平日は毎日迎えにつき合っている夫ですが、いつも車の中で待っているので、その手順を説明しなくてはなりません。

上着、水筒、洗濯物、それに連絡ノート。確認しなくてはならない物事がいろいろあります。説明だけでは不安なので、私は保育園に電話を入れ、私の代わりに夫が行くことを伝えました。そして、保育園の迎えには、私も車に乗り込んで、車の中で夫と孫を待つことにしました。

やはり、夫はあれこれ戸惑った様子で、車に戻ってきました。「孫を引き取ってくるのも大変なんだな」と言う夫から荷物を受け取り、いつもの確認をしました。

そして、二、三日、夫に代わってもらおうと思いました。

極力、自分の体の安静を意識したおかげか、次の日には、だいぶ痛みが和らぎました。そして三日目、軽い体操ができるようになりました。いつものように、夫の車で買い物に行けるようになりました。四日目は普通に動けるようになり、いつものように台所に立ち、息子家族へのおかずの差し入れもできるようになったのです。

突然のぎっくり腰でしたが、意外にあわてずに対処できたと思っています。

私は過去に、家の階段から落ちたことがあります。いやというほど腰を打ち、しばらくはハイハイ状態でした。特に、トイレ通いが辛く、脂汗を流しながらのハイハイでした。その後、懲《こ》りたはずなのに、また落ちました。

二度あることは三度あるといわれています。三度目はもうご免です。そこで、階段の下の目につくところに、「十三段、しっかり降りよう。落ちたら寝たきりよ」

と書いた紙を貼りつけました。それが功を奏したのか、その後ゆっくり、しっかり降りることを意識していますので、今のところ、三度目は起きていません。生来のおっちょこちょいの私は、だいぶ体に迷惑をかけています。

ひょんなことでアキレス腱を切り、救急車で運ばれたことがありました。当時の私は、義母の介護の真っ只中でした。手術して一週間の入院。太股《ふともも》近くまでギプスを付けて退院しました。介護は中断。代わりは夫や子どもたちでした。

やれやれ一か月。ようやくギプスが取れ、リハビリが始まった矢先、また同じところを切ってしまったのです。再入院の再手術。私のおっちょこちょいぶりは病院内に知れ渡り、「あんたかい、また入院したっていう人は」と、車椅子に乗って私の顔を見に来た患者さんもいました。どうやら、病院始まって以来の珍事のようでした。

そういうわけで、私の体のあちこちの古傷が、〈もういじめないで〉とささやいているのです。これからはしっかり体の声を聞いて、と思っているのですが、そこは老いのせつなさ。体が気持ち通りに動いてくれないこともあるのです。

今回のぎっくり腰のように、しっかり腰のことを意識していたのに、あのような状態になりました。ただ、今回、はっきりわかったのは、起きたことを声に出して、できないことをまわりに告げて助けてもらうこと。それが回復への近道だと思いました。迷惑をかけたくないと、我慢して動いていたら、さらに転んで、骨折するということもあり得ます。

体は、しゃべります。じっくり耳を傾けると、どうしてほしいかを教えてくれます。元気なときの気力や根性をどこかに置いて素直になると、回復は早いような気がするのです。

これからも、転んだり、すべったりして、怪我《けが》をすることもあるでしょう。どんなに注意をしていても、避けられないこともあるでしょう。ですが、それは生きているからこそだとも言えます。

このたび、月刊サインズ誌の、二年間の連載に六話書き下ろしたものを、幸運にも本にしていただきました。

第一回掲載時、私はまだ六十四歳でした。と言っても、一月生まれですので、すぐに六十五歳になりました。あれから二年余り。

今の私は六十七歳です。父が旅立った歳をふたつも越えて、父が生きられなかった時間を、今、生きています。四十五歳で歩くことができなくなった父は、晩年、しきりに、「納得して死にたい」と申していました。

父が亡くなる半年前のことです。突然、父から、「俺の本を預かってくれないか」という電話をもらいました。これも親孝行だと思い、レンタカーのトラックを借りて、夫とふたりで実家に帰りました。今思うと、私に本を託したのも、納得のひとつだったのかもしれません。

人生をどう終えるか。言い換えれば、どう生ききるかとも言えるでしょう。人生の数だけ、そのしまい方もあります。

この本が生まれるまで、編集部の永田慎二さんには、的確なアドバイスをいただきました。そして、編集長さんをはじめ、編集部の皆様にもお世話になりました。心より感謝しております。

そして、何より、「羽成さんの連載、楽しく読んでいますよ」と、うれしいお声をかけてくださった方々、そして、今、この本を手に取り、ページをめくってくださった方々、本当にありがとうございます。この本の中から、何か少しでもヒントを見つけていただけたら幸いです。

二〇一六年春　羽成幸子

羽成 幸子（はなり さちこ）

1949年生まれ。群馬県出身。現在、神奈川県厚木市在住。カウンセラー、エッセイスト。ヘルパー養成、ボランティア研修講師。祖父母、父母、姑の身内5人の介護体験をもとに、介護する側、される側の心のあり方を、「介護は自分の老いのリハーサル」をモットーに、ユニークな発想と介護哲学でわかりやすく紹介、全国各地で講演し、年代を問わず人気がある。現在、1男3女は成人し、親業卒業。自分の老いと死を意識しながら、孫育てと夫との共同生活を実践中。『介護の達人』（文春文庫）、『老いの不安がなくなる45のヒント』（清流出版）など著書多数。

人生のしまい方

2016年6月10日　初版第1刷　発行

［著者］　羽成幸子
［発行者］　島田真澄
［発行所］　福音社
〒190-0011　東京都立川市高松町3-21-4-202
Tel 042-526-7342　Fax 042-526-6066
［印刷所］　㈱平河工業社

ISBN978-4-89222-478-2